AI 중심 대학

AI 에이전틱 대학 혁명

AI 중심 대학
AI 에이전틱 대학 혁명

초판 1쇄 인쇄 2026년 3월 5일
초판 1쇄 발행 2026년 3월 12일

지은이 장준호
발행인 권윤삼
발행처 (주)연암사

등록번호 제2002 – 000484호
주소 서울시 마포구 월드컵로 165 – 4
전화 02 – 3142 – 7594
팩스 02 – 3142 – 9784

ISBN 979-11-5558-131-5 03370

값은 뒤표지에 있습니다. 잘못된 책은 바꿔드립니다.

연암사의 책은 독자가 만듭니다. 독자 여러분들의 소중한 의견을 기다립니다.
인스타그램 @yeonamsa
이메일 yeonamsa@gmail.com

THE

AI

AGENTIC
UNIVERSITY

장준호 지음

AI 중심 대학

AI 에 이 전 틱 대 학 혁 명

연암사

프롤로그

2022년 11월 30일, ChatGPT라는 이름의 서비스가 느닷없이 등장했다. 출시 5일만에 사용자 100만 명을 넘어서더니 출시 2개월만에 월간 활성 사용자 1억 명을 돌파했다. 이는 그 이전에도 이후에도 있을 수 없었던 엄청난 기록이었다. 이른바 진정한 AI시대의 시작이었다. 지난 3년여 동안 다양한 생성형 AI들이 나타나 치열한 경쟁 속에서 세상을 빠르게 변화시키고 있다. 혼란도 있었지만 동시에 진화도 있었다. 사람들은 시행착오를 거치며 AI와 함께 일하는 법, 아니 살아가는 법을 배워 가고 있는 듯하다.

그런데, 대학은 진전이나 진화보다는 혼란이 훨씬 커 보인다. 학생들의 ChatGPT 사용을 규제해야 할지, 권장해야 할지, 대학들은 명확한 입장을 정하지 못하고 있다. 어떤 교수는 AI 사용을 학칙 위반으로 간주하고, 어떤 교수는 권장한다. 학생들은 혼란스러울 뿐이다. 교수들도 뭔가 변화가 필요하다는 건 공감하지만 어떻게 해야 할지 한 발자국도 움직이지 못하는 어정쩡한 모습이다. 강의 내용을 바꿔야 할까? 평가 방식을 바꿔야 할까? 아니면 AI를 교육 도구로 활용해야 할까?

대학 본부는 더욱 곤란해 보인다. 새로운 정책이 필요하다고는 느끼지만, 정부의 지침을 기다리는 듯하다. 먼저 움직였다가 잘못되면 어쩌나 하는 두려움으로 인해, 뒤처지면 안 되는데 그렇다고 앞서가기도 무섭기 때문이다.

이 소설은 그런 대학들에게 하나의 상상력을 제공하고자 시작되었다. ChatGPT로 촉발된 혼란은 사실 더 근본적인 질문을 던지고 있다. 대학은 무엇을 가르쳐야 하는가? 어떻게 가르쳐야 하는가? 학과와 전공이라는 틀은 여전히 유효한가? 그리고 무엇보다, 대학 교육의 본질은 무엇인가?

18세기 후반, 프로이센에서 시작된 공교육은 국가가 주도하는 새로운 교육 방식이었다. 그 이전까지 교육은 주로 개인 교사나 종교 기관이 담당했고, 귀족과 부유층 자녀들은 1대1 개인 교육을 받을 수 있었다. 하지만 19세기 산업혁명과 함께 공교육이 확산되면서 한 명의 교사가 수십 명의 학생을 동시에 가르치는 체계가 자리 잡았다.

이 변화는 불가피한 선택이었다. 급속한 산업화는 대량의 노동력을 필요로 했고, 국가는 모든 국민에게 기본적인 교육을 제공해야 했다. 한정된 교사로 많은 학생을 가르치려면 표준화된 교육과정, 같은 시간표, 획일적인 평가가 필수였을 것이다. 효율성을 위해 개별화를 포기할 수밖에 없었다.

대학도 같은 길을 걸었다. 지식을 학과로 나누고, 학과를 단과대학으로 묶고, 학생들을 전공별로 분류했다. 이 시스템은 100년 넘게 잘 작동해 왔다. 대학은 학위를 주었고, 기업은 그 학위에 대한 신뢰를 기반으로 채용을 결정했다.

그러나 21세기에 들어서면서 균열이 생기기 시작했다. 2019년, JP모건체이스(JP Morgan Chase)의 CEO 제이미 다이먼은 상징적인 선언을 한다. "미래의 일은 학위가 아니라 스킬에 관한 것이다(The new world of work is about skills, not necessarily degrees)." 은행은 더 이상 '경영학 학사'라는 학위만으로 사람을 뽑지 않겠다고 말했다. 대신 데이터 분석 능력, 문제 해결 능력, 의사소통 능력 같은 구체적인 역량(competencies)을 제시하고, 그것을 키울 수 있는 커리큘럼까지 발표했다.

이는 단순한 채용 정책의 변화가 아니었다. 학과와 전공이라는 19세기식 지식 분류 체계가 더 이상 현실 세계의 문제를 해결하는 데 적합하지 않다는 선언이었다. 기후 변화는 환경학과만의 문제가 아니라 경제학, 공학, 정치학, 심리학이 모두 필요하다. 인공지능 윤리는 컴퓨터공학과 문제가 아니다. 철학, 법학, 사회학, 인지과학이 함께 다뤄야 한다. 현실의 문제는 학과 경계를 존중하지 않는다.

정리하자면, 그동안 우리는 다음의 두 가지에 대해 문제의식을 가지고 있었으나 이를 해결할 방법이 없기에 한발 물러서 지켜볼 뿐이었다.

첫째, 1대 다 교육의 한계. 학습 속도가 빠른 학생은 지루함 속에서 잠재력을 낭비했고, 느린 학생은 뒤처진 채 방치되었다. 특별한 재능을 가진 아이는 그 재능을 제대로 발견하지 못했고, 다른 방식으로 배우는 아이는 '문제아'로 낙인찍혔다.

둘째, 학과라는 경계. 학생들은 입학할 때부터 하나의 학과에 갇혔다. 복수전공, 부전공이라는 제도가 있었지만 미봉책에 불과했다. 진짜 문제는 지식이 학과별로 분리되어 있다는 가정 자체였다.

그러나 역사 속 위대한 교육자들은 달랐다. 소크라테스는 광장에서 한 명 한 명과 대화하며 가르쳤다. 그는 철학과 교수도, 정치학과 교수도 아니었다. 그저 사람들이 스스로 생각하도록 질문했을 뿐이다. 공자는 제자들의 성향과 수준에 맞춰 다르게 가르쳤다(因材施敎). 같은 질문에도 제자마다 다른 답을 주었다. 아인슈타인은 "교육의 목적은 독립적으로 사고하고 행동하는 개인을 키우는 것"이라 말했다.

최근 등장한 AI Agent 기술은 우리에게 이 두 가지 문제를 동시에 해결할 기회를 주었다. AI 기술은 처음으로 '모든 학생에게 개인 교사를 제공할 수 있는' 가능성을 열었다. 각 학생의 학습 속도, 이해 수준, 관심사, 학습 방식에 맞춘 교육. 단순히 정답을 알려 주는 것이 아니라 스스로 생각하도록 질문하고 안내하는 교육. 산업혁명이 우리에게서 빼앗아갔던 개별화 교육을, 이제 기술이 다시 돌려줄 수 있게 된 것이다.

동시에 AI는 학과라는 경계를 무너뜨린다. AI 튜터는 경영학과 소속도, 공학과 소속도 아니다. 학생이 기후 위기에 관심이 있다면 그 문제를 이해하는 데 필요한 모든 학문 영역을 가로질러 안내할 수 있다. 학생이 AI 윤리를 탐구하고 싶다면 컴퓨터과학부터 철학까지 경계 없이 배울 수 있다.

대학은 더 이상 학과의 집합이 아니라 학생의 역량을 키우는 생태계가 되어야 한다. 이 책은 그러한 미래를 향한 여정 중 하나의 이야기를 담고 있다.

하버스톤 대학교의 이야기는 하나의 상상이다. AI가 만들어 갈 대학의 모습은 이보다 훨씬 더 다양할 것이다. 각 대학이 가진 고유한 역사와 교육 철학, 그들이 소속된 지역사회의 특성, 교수진과 학생들의 문화에 따라 AI 중심 대학의 모습은 천차만별일 것이다. 필자는 이 책에서 그 무수한 가능성 중 AI Agent라는 기술을 활용한 하나의 이야기를 담았을 뿐이다.

하버스톤의 레베카 총장과 데이비드 CTO가 마주한 도전과 고민, 그들이 찾아낸 해법은 어떤 대학에도 적용될 수 있으며, 또한 어떤 대학과도 똑같지는 않을 것이다. 그래도 괜찮다. 중요한 것은 AI는 도구일 뿐이며, 진짜 주인공은 언제나 사람이어야 하기 때문이다.

기술이 아무리 발전해도 교육의 본질은 '생각하는 힘을 키우는 것'
이라는 점. 이러한 철학 위에서만 AI는 진정한 교육혁신의 동반자
가 될 수 있다. 200년 만에 우리는 교육의 본질로 돌아갈 기회를 얻
었다.

이 책을 읽는 독자들마다 각자의 맥락에서, 각자의 방식으로, 새
로운 이야기가 시작되기를 진심으로 바란다. 그 다양한 이야기들이
모여 진정한 교육의 미래를 만들어 갈 것이다. 이 책이 그 여정을 시
작하는 분들께 작은 영감이 되기를 바란다.

아울러 책이 출간되기까지 애써 주신 출판사 관계자들에게 감사
드린다. 또한 일상의 희로애락을 함께 나누는 상명대학교와 디엘
토의 가족들에게도 감사의 마음을 전한다. 끝으로 첫 글쓰기를 마치
기까지 아낌없는 응원과 격려를 보내 준 가족들과 하나님께 감사드
린다.

차례

THE AI AGENTIC UNIVERSITY

프롤로그 _ 4

제1장: 위기 진단 (The Diagnosis) _ 13

무너지는 상아탑 | 시스템의 한계 | 금지된 실험

제2장: 에이전트 탐색 (The Search) _ 51

솔루션 헌팅 | 교육 철학의 구현 | 파일럿 설계 | 첫 접촉 | 학습의 혁명 | 데이터가 말하는 진실 | 라이트 교수의 성찰

제3장: 학습의 재발견 (The Awakening) _ 91

컴퓨터과학과의 돌파구 | 철학과의 혁명 | 예체능의 각성

제4장: 교수진의 전환 (Faculty Transformation) _ 131

교수용 에이전트의 탄생 | 저항과 공포 | 공개 토론: AI와 교육의 미래

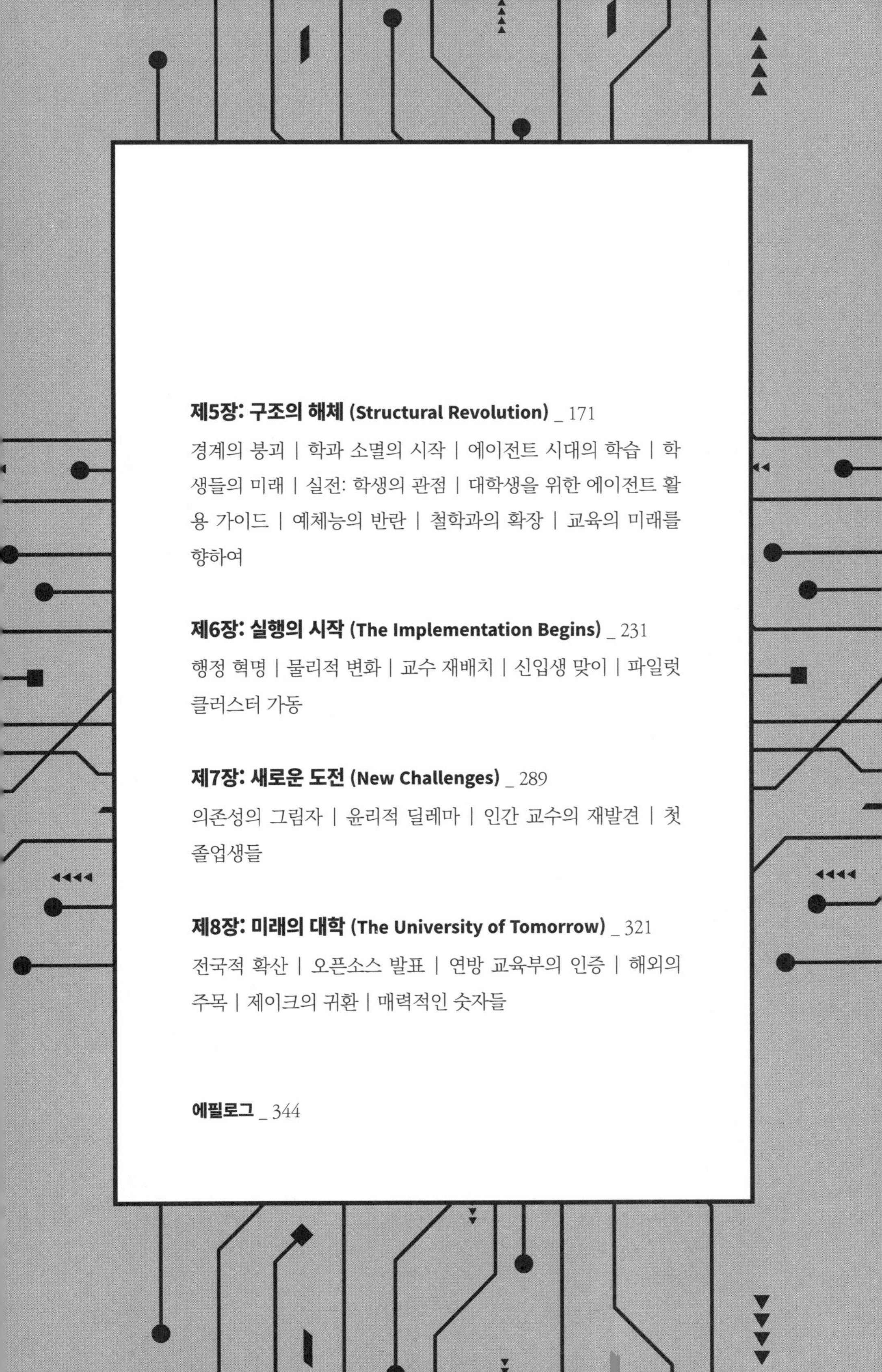

제5장: 구조의 해체 (Structural Revolution) _ 171

경계의 붕괴 | 학과 소멸의 시작 | 에이전트 시대의 학습 | 학생들의 미래 | 실전: 학생의 관점 | 대학생을 위한 에이전트 활용 가이드 | 예체능의 반란 | 철학과의 확장 | 교육의 미래를 향하여

제6장: 실행의 시작 (The Implementation Begins) _ 231

행정 혁명 | 물리적 변화 | 교수 재배치 | 신입생 맞이 | 파일럿 클러스터 가동

제7장: 새로운 도전 (New Challenges) _ 289

의존성의 그림자 | 윤리적 딜레마 | 인간 교수의 재발견 | 첫 졸업생들

제8장: 미래의 대학 (The University of Tomorrow) _ 321

전국적 확산 | 오픈소스 발표 | 연방 교육부의 인증 | 해외의 주목 | 제이크의 귀환 | 매력적인 숫자들

에필로그 _ 344

제1장: 위기 진단

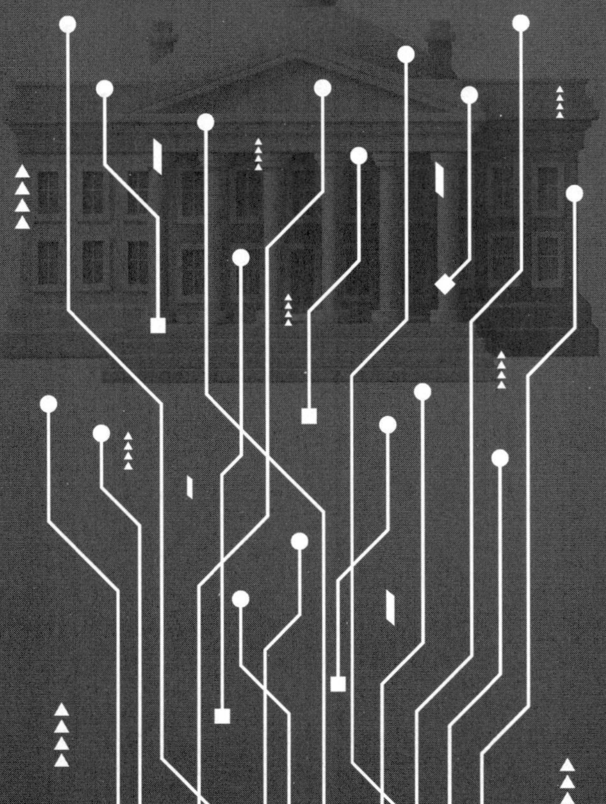

무너지는 상아탑

2025년 8월 4일, 월요일 오전 9시.

하버스톤 대학교 대강당의 오크 나무 문이 천천히 열렸다. 백 년 된 목재 특유의 삐걱거리는 소리와 함께 냉방이 잘 된 실내의 차가운 공기가 밀려 나왔다. 레베카 모리슨은 무대 뒤편 대기실에서 커튼 틈으로 객석을 훑어보았다. 붉은 벨벳 좌석들이 거의 다 채워져 있었다. 취임식답게 화려했다. 하지만 레베카는 알고 있었다. 이 화려한 행사장 뒤편에 숨겨진 진실을.

"…따라서 하버스톤 대학교 제17대 총장으로 레베카 모리슨 교수를 임명합니다."

박수가 터져 나왔다. 레베카는 심호흡을 한 번 하고 단상으로 걸어 올라갔다. 그녀의 로우힐 구두가 무대 위 오래된 나무 바닥을 밟을 때마다 작은 소리를 냈다. 그 소리가 유난히 크게 들렸다.

58세. 연한 갈색 머리에 자연스럽게 섞인 은발이 강당의 조명 아래 은은하게 빛났다. 회색빛 도는 푸른 눈. 눈가의 깊은 미소 주름은 20여 년간 학생들을 대하며 생긴 훈장처럼 편안한 느낌을 주었다.

그녀는 어려운 가정환경으로 힘겨운 십 대를 보냈지만, 하버스톤에 입학하여 인생이 바뀌었다. 이 대학이 그녀에게 준 기회들. 스탠포드 대학 박사학위를 마치고 고향으로 돌아와 하버스톤에서 20년 넘는 시간을 보내고, 이제 총장에 취임하고 있다. 돌고 돌아 이곳에서, 그녀가 받은 것을 돌려줄 차례였다.

레베카는 준비한 원고를 펼쳤다가 잠시 망설이더니 다시 접었다. 종이가 접히는 바스락 소리가 조용한 강당에 울렸다. 그녀는 원고 없이 말하기로 했다. 진심은 종이에 담을 수 없으니까.

"존경하는 이사진 여러분, 동료 교수님들, 그리고 사랑하는 학생 여러분."

그녀는 천천히 청중을 둘러보았다. 맨 앞줄에 앉은 이사들의 기대 어린 눈빛, 중간쯤에 앉은 교수들의 호기심 섞인 표정, 뒤쪽 발코니석의 학생들의 무심한 얼굴들. 각각의 얼굴에는 저마다의 기대가 서려 있었다.

"저는 오늘 여러분께 솔직해지고자 합니다. 우리 대학은 위기에 처해 있습니다."

강당이 술렁였다. 속삭이는 소리들이 파도처럼 번져 나갔다. 레베카는 그 파동을 느꼈다. 놀람, 당황, 분노, 불안… 다양한 감정들이 공기 중에 뒤섞였다.

이사장 제임스 휘트모어의 미간이 찌푸려졌다. 자신도 모르게 탁자를 두드렸다. 톡, 톡, 톡. 불쾌함을 드러내는 습관적인 동작이었다. 레베카는 그 소리를 들었지만 시선을 피하지 않았다.

"지난 5년간 우리 대학의 지원율은 매년 크게 하락하고 있습니다. 졸업생 취업률은 전국 평균에도 미치지 못합니다. 학생들의 중도 탈락률은 23%에 달합니다."

레베카는 노트북을 열어 스크린에 그래프를 띄웠다. 붉은색 하락 곡선이 거대한 스크린을 가득 채우며 강당 전체에 섬뜩한 붉은 창을 내리꽂았다. 누군가 작게 헛기침을 했다.

"더 중요한 것은 이것입니다. 우리는 19세기 대학 구조로 21세기 인재를 키우려 하고 있습니다."

스크린에는 하버스톤의 학과 조직도가 나타났다. 5개 단과대학, 37개 학과, 세분화된 칸막이들.

"물리학과 학생은 유기화학을 배우지 않고, 경영학과 학생은 코딩을 몰라도 졸업합니다. 철학과 학생은 AI 윤리를 논하면서도 AI가 어떻게 작동하는지 이해하지 못합니다."

앞줄에 앉은 인문대학장 캐서린 해리슨 교수가 자리에서 일어섰다. 60대 초반의 그녀는 항상 트위드 재킷을 입었고, 목에는 진주 목걸이를 둘렀다. 전통의 수호자 같은 모습이었다. 그녀가 일어서자 진주 목걸이가 가볍게 흔들렸다.

"총장님, 지금 우리의 전통적인 학문 체계를 부정하시는 겁니까?"

레베카는 침착하게 답했다.

"부정이 아닙니다, 캐서린 학장님. 진화를 말하는 겁니다."

레베카는 심호흡을 했다.

"저는 빠른 시간 안에 하버스톤을 완전히 바꾸겠습니다. 학생 한 명 한 명이 자신의 잠재력을 최대한 실현할 수 있는 대학, 교수님들이 진짜 교육과 연구에 집중할 수 있는 대학, 세상이 필요로 하는 인재를 키우는 대학으로 말입니다."

"누구나 총장에 취임할 때 꼭 하는 얘기군요. 구체적으로 어떻게 하시겠다는 겁니까?"

캐서린 학장이 다시 물었다.

레베카는 잠시 망설였다. 아직 말하기엔 너무 이르다.

"그 방법은 앞으로 함께 만들어 가겠습니다. 하지만 한 가지는 분명히 말씀드릴 수 있습니다. 우리는 변해야 합니다. 변하지 않으면 사라질 것입니다."

박수는 듬성듬성했다. 레베카는 단상을 내려왔다.

* * *

취임식이 끝나고 총장실로 돌아온 레베카를 비서 마가렛이 기다리고 있었다. 50대 중반의 마가렛은 이 대학에서 30년을 일했다. 그녀의 책상은 언제나 완벽하게 정돈되어 있었고, 그녀는 레베카보다 한 발 앞서 움직였다.

"총장님, 긴급 이사회가 소집됐습니다. 30분 후입니다."

레베카는 예상했다는 듯 고개를 끄덕였다.

회의실에는 7명의 이사들이 이미 자리를 잡고 있었다. 방 안의 공기가 무거웠다. 회의실 특유의 가죽 냄새와 오래된 책 냄새, 그리고 긴장감이 뒤섞여 있었다.

이사장 제임스 휘트모어가 입을 열었다.

"총장님, 취임사는 상당히… 파격적이었습니다."

"모든 구성원들에게 사실을 말씀드렸을 뿐입니다, 이사장님."

"그래서 우리가 긴급 회의를 소집한 겁니다."

이사 중 한 명인 벤저민 스코필드가 서류를 건넸다.

"이걸 보십시오."

레베카는 서류를 펼쳤다. 재무제표였다. 그녀의 얼굴이 굳었다.

"작년 적자가 1,200만 달러?"

"더 큰 문제는 추세입니다."

CFO 출신 이사 수잔 레이놀즈가 말했다.

"3년 연속 적자입니다. 이대로 가면 2년 후엔 운영 자금이 바닥납니다."

"당신을 임명한 이유를 알겠죠?"

제임스가 말했다.

"우리는 변화가 필요합니다. 하지만 레베카, 당신이 생각하는 것보다 시간이 없습니다."

"얼마나요?"

"2년. 2년 안에 재정을 안정화시키고, 지원율을 회복시키고, 대학의 명성을 되찾아야 합니다. 그렇지 못하면…"

"그렇지 못하면?"

"구조조정입니다. 학과 통폐합, 교수 정리해고, 캠퍼스 축소. 우리가 원하는 방법은 아니지만, 생존을 위해서라면 어쩔 수 없습니다."

레베카는 서류를 내려놓았다.

"알겠습니다. 그런데 한 가지 조건이 있습니다."

"조건이라니?"

"제게 완전한 자율권을 주십시오. 제가 필요하다고 판단하는 변화를 추진할 수 있도록."

이사들이 서로 눈빛을 교환했다.

"어떤 변화를 말하는 겁니까?"

벤저민이 물었다.

"아직은 말씀드릴 수 없습니다. 하지만 약속드립니다. 우리 대학을 살리겠습니다. 제 방식대로."

긴 침묵이 흘렀다.

"좋습니다."

제임스가 말했다.

"2년의 시간을 드리겠습니다. 하지만 매 분기마다 진행 상황을 보고해야 합니다. 그리고 레베카…"

"네?"

"실패하면 당신도 함께 물러나야 합니다."

* * *

그날 오후, 레베카는 책상 위 두꺼운 보고서 더미를 뒤적이고 있었다.

총장실의 커다란 창문으로 8월의 뜨거운 햇살이 쏟아져 들어왔다. 에어컨이 윙윙거리며 돌아갔지만, 레베카는 땀이 났다. 더워서 나는 땀인지, 긴장감 때문인지 알 수 없었다.

학과별 재정 현황, 교수 연구 생산성 분석, 학생 학습 성과 평가, 졸업생 진로 추적 데이터.

모든 지표가 하락세였다. 특히 눈에 띄는 것은 학생들의 학습 성취도였다.

"1학년 필수 교양 과목 평균 이수율 62%… 전공 만족도 41%…"

노크 소리가 들렸다.

레베카는 안경을 다시 쓰고 자세를 고쳐 앉았다.

"들어오세요."

문이 열리고 가벼운 발걸음 소리와 함께 30대 중반으로 보이는 검은 뿔테 안경을 쓴 남자가 들어섰다. 캐주얼한 후드 티와 청바지 차림이었다. 그의 운동화가 카펫 위를 소리 없이 미끄러져 갔다. 커다란 백팩을 멘 모습이 학생 같기도 했다. 총장실에 어울리지 않는 차림이었지만, 묘하게 자연스러웠다.

"안녕하세요, 총장님. 데이비드 박입니다. CTO로 지원한…"

"아, 데이비드 박사님!"

레베카가 자리에서 일어났다.

"MIT에서 AI 연구하시다가 오셨다고 들었습니다. 그런데 왜 하버스톤으로?"

데이비드는 씩 웃었다.

"도전이 크니까요. MIT는 이미 잘 돌아가고 있잖아요. 저는 불가능해 보이는 걸 가능하게 만드는 게 좋더라고요."

"교육 AI 스타트업을 창업하신 이력이 아주 인상적이었습니다."

레베카는 진심으로 그의 창업 스토리가 궁금한 표정이었다.

"결국은 실패였습니다. 저의 흑역사 중 하나입니다만, 그때가 교육에 대한 본질을 알려고 노력했던 시기이기도 했습니다. 깔끔하게 실패를 인정하고 MIT로 돌아갔죠… 하하하!"

맑게 퍼지는 좋은 웃음 소리를 가진 그의 첫인상이 레베카의 맘에 들었다.

"세상일이란 참 희한하죠. 그때 고민했던 교육의 그 본질이 저를 하버스톤으로 이끌었는지도 모르겠습니다."

장난스럽던 데이비드의 표정은 순식간에 진지하게 바뀌었다.

"데이비드 박사님, 잘 오셨습니다. 교육의 본질을 함께 찾아 나서 봅시다."

레베카는 다시 한번 손을 내밀어 악수를 청했다. 조금 전 첫인사와는 사뭇 다른 느낌의 악수.

"참, 이것 좀 보시겠어요?"

레베카는 책상으로 돌아와 노트북을 돌려 데이터를 보여 줬다.

데이비드는 10분간 말없이 데이터를 훑어봤다. 그의 표정이 점점 심각해졌다.

"흠… 이건…"

"심각하죠?"

"심각한 정도가 아닙니다. 이건 시스템 자체가 무너지고 있다는 신호입니다."

데이비드는 특정 차트를 확대했다.

"보세요, 이 패턴. 1학년 때 중도 탈락하는 학생의 80%가 첫 학기에 이미 신호를 보냅니다. 특정 과목에서 C 이하를 받고, 출석률이 떨어지고, 과제 제출이 지연되고…"

"그걸 막을 방법이 없었던 건가요?"

"없었던 게 아니라 못 본 겁니다. 100명이 넘는 학생을 교수 한 명이 어떻게 파악하겠어요? 조교가 있다고 해도 불가능합니다."

레베카는 의자에 깊이 앉았다.

"그럼 어떻게 해야 하죠? 모든 수업을 소규모로? 그럴 예산이 없는데."

데이비드는 잠시 망설이다가 조심스럽게 물었다.

"총장님, AI에 대해 얼마나 아십니까?"

"기본적인 건 압니다. ChatGPT, 이미지 생성, 그런 것들…"

"그게 다가 아닙니다."

데이비드의 눈이 빛났다.

"요즘 AI 에이전트라는 게 있습니다. 단순히 질문에 답하는 게 아니라, 목표를 이해하고, 계획을 세우고, 실행하고, 피드백을 통해 개선하는…"

"잠깐만요."

레베카가 손을 들었다.

"그게 교육과 무슨 상관이죠?"

데이비드는 자리에서 일어나 화이트보드로 갔다.

"상상해 보세요. 모든 학생이 자기만의 학습 파트너를 갖는 겁니다. 24시간, 365일 함께하는 AI 에이전트를. 그 에이전트는 학생의 학습 스타일을 이해하고, 약점을 파악하고, 맞춤형 학습 경로를 설계하고, 실시간으로 도움을 주고…"

"그건 SF 같은데요."

"2년 전까지는 SF였습니다. 하지만 지금은 가능합니다."

데이비드는 노트북을 열어 시연 영상을 보여 줬다.

화면에는 학생과 AI 에이전트의 대화가 펼쳐졌다. 에이전트는 학생의 질문을 이해하고, 적절한 힌트를 주고, 학생이 스스로 답을 찾도록 유도했다.

"이건 단순한 챗봇이 아닙니다. 이건 진짜 학습 파트너입니다."

레베카는 영상을 유심히 지켜봤다. 그녀의 머릿속에서 뭔가가 연결되기 시작했다.

"만약… 만약 이걸 전체 학생에게 적용한다면?"

"그게 제가 제안하고 싶은 겁니다."

데이비드가 말했다.

"AI 에이전틱 아카데미(Agentic Academy). 모든 학생과 교수가 AI 에이전트를 활용하는 대학."

"교수들은 절대 받아들이지 않을 겁니다."

"그래서 보여 줘야 합니다. 말이 아니라 결과로."

레베카는 창밖을 바라봤다. 캠퍼스의 불빛들이 어둠 속에서 반짝이고 있었다.

"데이비드, 질문 하나 하겠습니다."

"네."

"이게 정말 가능한 일입니까? 아니면 또 하나의 기술 유행일 뿐인가요?"

데이비드는 진지하게 답했다.

"솔직히 말씀드리면, 저도 100% 확신하지 못합니다. 이런 규모로 시도된 적이 없으니까요. 하지만 한 가지는 확실합니다. 지금처럼 하면 이 대학은 2년을 못 버팁니다. 변화가 필요합니다. 그리고 이건 지금까지 본 것 중 가장 가능성 있는 방법입니다."

레베카는 긴 침묵 끝에 결정을 내렸다.

“좋습니다. 하지만 조건이 있습니다.”

“무엇입니까?”

“작게 시작합니다. 파일럿[1] 프로그램으로. 그리고 데이터로 증명합니다. 감각이 아니라 숫자로.”

“동의합니다.”

“또 하나! 이건 우리 둘만의 비밀입니다. 아직 공개할 시기가 아닙니다.”

데이비드가 손을 내밀었다.

“비밀 프로젝트라⋯ 마음에 드네요.”

두 사람은 악수를 나눴다. 세 번째 악수. 그들은 아직 몰랐다. 이 악수가 하버스톤 대학교의, 그리고 고등 교육 전체의 역사를 바꾸게 되리라는 것을.

---

1. 편성을 확정하기 전에 시험적으로 만드는 프로그램.

시스템의 한계

다음날 아침 8시, 레베카는 데이비드와 함께 캠퍼스 투어에 나섰다. 표면적으로는 신임 총장의 캠퍼스 시찰이었지만, 실제 목적은 달랐다. 문제점을 직접 보는 것.

첫 번째 목적지는 인문관 101호. 1학년 필수 교양 '비판적 사고와 글쓰기' 수업이었다.

"조용히 뒤에 서 있도록 합시다."

레베카가 속삭였다.

강의실은 계단식으로 되어 있었고, 약 200명의 학생들로… 아니, 정확히는 자리의 3분의 2 정도만 차 있었다. 마치 이가 빠진 빗처럼 빈 좌석들이 여기저기 눈에 띄었다.

강단에서 60대 초반의 벤자민 그린 교수가 마이크를 잡고 강의하고 있었다.

"…따라서 아리스토텔레스의 삼단논법은…"

레베카는 학생들을 관찰했다. 앞쪽 두 줄의 학생들은 열심히 노트를 했다. 하지만 뒤로 갈수록 상황은 달라졌다.

열 번째 줄에 앉은 학생들 중 절반은 노트북으로 뭔가 다른 걸 하고 있었다. 쇼핑몰 사이트, 유튜브, SNS…

거의 뒤쪽 학생들 중 일부는 아예 엎드려 자고 있었다.

데이비드가 레베카의 귀에 속삭였다.

"저 뒤쪽 학생들, 보이세요? 저들은 이미 포기한 겁니다."

"왜죠? 그린 교수님은 우리 대학 최고의 강사라고 들었는데."

"교수님의 문제가 아닙니다. 시스템의 문제입니다. 200명을 대상으로 어떻게 효과적으로 가르치겠어요?"

수업이 끝나고, 레베카는 우연을 가장해 몇몇 학생들에게 다가갔다.

"안녕하세요, 신임 총장 레베카 모리슨입니다. 잠깐 얘기 나눌 수 있을까요?"

아시아계로 보이는 여학생이 놀란 표정으로 답했다.

"아, 네… 총장님."

"수업 어땠어요?"

여학생은 난처한 표정을 지었다.

"음… 좋았어요."

"정말요?"

레베카는 부드럽게 웃었다.

"솔직히 말해도 괜찮아요. 전 진짜로 알고 싶어서 묻는 거예요."

여학생은 주변을 둘러보더니 작은 목소리로 말했다.

"사실… 무슨 말인지 잘 모르겠어요. 교수님은 열심히 설명하시는데, 너무 빨라요. 그리고 제가 어디서 막혔는지도 모르겠어요. 질문하려고 해도 200명 앞에서 어떻게…"

"녹화는 제공되나요?"

"네, 있긴 한데… 그냥 강의를 다시 듣는 거라 똑같아요. 이해 안 되는 부분은 여전히 이해가 안 되고…"

근처에 있던 남학생이 끼어들었다.

"솔직히 말하면, 저희 대부분은 ChatGPT로 공부해요. 과제도 ChatGPT 쓰고. 어차피 강의 들어도 모르겠으니까."

"그럼 뭘 배우는 거죠?" 레베카가 물었다.

"ChatGPT한테 물어보는 법이요."

남학생이 쓴웃음을 지었다.

"농담 아니에요. 그게 제일 유용한 스킬이에요."

레베카와 데이비드는 학생들과 몇 마디 더 나눈 후 자리를 떴다.

복도에서 데이비드가 말했다.

"보셨죠? 이게 현실입니다. 학생들은 이미 AI를 쓰고 있어요. 하지만 잘못된 방식으로."

"어떻게 다를 수 있죠?"

"ChatGPT는 답을 줍니다. 하지만 AI 에이전트는 학습을 도와줍니다. 차이가 뭔지 아세요?"

"설명해 보세요."

"ChatGPT한테 '미적분 문제 풀어 줘'라고 하면 답을 줍니다. 학생은 그걸 베껴 써요. 아무것도 배우지 못한 채로."

"에이전트는요?"

"에이전트는 이렇게 물어봅니다. '이 문제에서 뭐가 어려웠어요?' '어디까지 이해했어요?' '이 개념 기억나요?' 그리고 힌트를 줍니다. 답이 아니라 학생이 스스로 답을 찾을 수 있도록."

레베카는 고개를 끄덕였다. 그들은 다음 목적지로 향했다.

* * *

예술관 3층, 음악대학 작곡과 연습실.

"여기는 왜 오시는 겁니까?"

데이비드가 물었다.

"가장 작은 학과거든요. 그리고 가장 문제가 큰 학과이기도 하고요."

음악대학 학장실에서 그들은 학장 패트리셔 윌리엄 교수를 만났다.

"총장님, 반갑습니다. 그런데 무슨 일이십니까?"

"현황을 파악하고 싶어서요. 작곡과 학생이 몇 명이죠?"

패트리셔의 얼굴이 굳었다.

"올해… 3명입니다."

"교수는요?"

"8명입니다."

침묵이 흘렀다.

"학생 3명에 교수 8명이라고요?"

"작곡은 1:1 레슨이 필수입니다. 그리고 전공이 세분화되어 있어
서… 현대음악, 영화음악, 재즈…"

"한 해 운영비가 얼마죠?"

"약… 120만 달러입니다."

"학생 한 명당 40만 달러?"

레베카는 한숨을 쉬었다.

"지속 가능하지 않습니다."

"알고 있습니다."

패트리셔가 조용히 말했다.

"하지만 뭘 어떻게 하라는 겁니까? 작곡과를 없애라고요? 그럼 우리는 음악대학이 아니라 음악학원이 됩니다."

"그게 아니라…"

레베카는 말을 멈췄다. 아직 때가 아니다.

"다른 방법을 찾아보겠습니다. 시간을 주세요."

예술관을 나서며 데이비드가 물었다.

"뭔가 생각이 있으세요?"

"만약 AI 에이전트가 기초 작곡 이론을 가르칠 수 있다면?"

"가능합니다."

"화성학, 대위법, 음악 분석?"

"가능합니다."

"그럼 교수님들은?"

"진짜 창작 지도에 집중할 수 있겠죠. 그리고…"

데이비드의 눈이 빛났다.

"상상해 보세요. AI 에이전트가 학생의 작곡을 실시간으로 분석하고, 화성 진행의 대안을 제시하고, 오케스트레이션 아이디어를 주고…"

"그게 가능해요?"

"이미 있습니다. 음악 생성 AI들. 다만 교육용으로 제대로 활용한 적이 없을 뿐이죠."

레베카는 메모를 했다.

'음악대학 – 파일럿 후보 1순위'

＊ ＊ ＊

마지막 목적지는 사범대학.

점심시간, 레베카와 데이비드는 사범대 학생 식당에 앉았다. 근처 테이블에서 학생들의 대화가 들렸다.

"너 교생실습 어디 배정받았어?"

"시카고 남부 중학교. 너는?"

"나는 시골… 일리노이 중부 소도시. 솔직히 가기 싫어. 12주 동안 뭘 배우겠어."

"그래도 가야지. 졸업 필수잖아."

"근데 있잖아, 요즘 애들 AI로 숙제를 다 한다는데 우리가 뭘 가르치겠어?"

"그게 문제지. AI 시대에 선생님이 뭘 해야 하는지 아무도 안 가르쳐줘."

레베카는 데이비드를 쳐다봤다.

"들었어요?"

"네."

"저 학생들, 미래 교사들이에요. 그런데 AI 시대 교육을 준비하는 교육을 받지 못하고 있어요."

"역설적이네요."

"역설이 아니라 현실입니다."

레베카는 식판을 들고 학생들에게 다가갔다.

"안녕하세요, 옆에 앉아도 될까요?"

학생들은 놀라서 자리를 정리했다.

"아, 총장님! 네, 물론이죠."

레베카는 자연스럽게 대화에 끼어들었다.

"방금 AI 얘기하시던데, 사범대에서 그런 거 안 가르쳐요?"

한 학생이 대답했다.

"'교육과 기술' 과목이 있긴 한데… 그냥 파워포인트 만들고 동영상 편집하는 거 배워요. ChatGPT를 수업에 어떻게 쓰라는 건지는 아무도 안 가르쳐줘요."

"그럼 여러분은 어떻게 생각해요? AI 시대에 교사의 역할이 뭐라고 생각하세요?"

학생들은 서로 눈치를 살피더니 한 여학생이 조심스럽게 입을 열었다.

"솔직히… 불안해요. AI가 더 잘 설명하는데, 우리가 필요할까 싶어요."

"맞아."

다른 학생이 거들었다.

"제 조카가 중학생인데요, 수학 모르는 거 있으면 ChatGPT한테 물어봐요. 저한테 물어보는 것보다 훨씬 잘 가르쳐준대요."

레베카는 진지하게 물었다.

"그럼 교사가 필요 없다는 말인가요?"

학생들은 침묵했다. 그때 구석에 조용히 앉아 있던 학생이 말했다.

"저는… 그렇게 생각하지 않아요."

모두가 그를 쳐다봤다. 안경을 쓴 조용해 보이는 남학생이었다.

"AI는 지식은 줄 수 있어도 학생을 이해하지는 못해요. 왜 공부를 싫어하는지, 왜 집중을 못 하는지, 무슨 고민이 있는지… 그건 사람만이 알 수 있잖아요."

"좋은 지적이에요."

레베카가 말했다.

"그런데 만약 AI가 그것도 할 수 있다면?"

"네?"

"만약 AI가 학생의 학습 패턴을 분석하고, 언제 어려워하는지 파악하고, 개인별 맞춤 설명을 해 준다면? 그래도 교사가 필요할까요?"

학생들은 불안한 표정을 지었다.

레베카는 미소를 지었다.

"내 생각은 이래요. AI가 그 모든 걸 한다면, 교사는 더욱 중요해집니다."

"어떻게요?"

"AI가 개별 학습을 책임지면, 교사는 더 중요한 걸 할 수 있어요. 학생들이 서로 배우도록 돕고, 창의적으로 생각하도록 자극하고, 인생의 멘토가 되는 것. AI는 절대 할 수 없는 것들이죠."

그 조용한 남학생이 눈을 빛냈다.

"그럼… 우리가 그걸 배워야 하는 거네요. AI와 협력하는 법을."

"정확합니다."

레베카가 명함을 꺼냈다.

"이름이 뭐예요?"

"테일러입니다."

"테일러, 시간 되면 내 사무실로 찾아와요. 같이 얘기하고 싶은 게 있어요."

* * *

그날 저녁, 레베카는 총장실에서 데이비드와 일과를 정리했다.

"오늘 본 것들을 정리하면…"

레베카가 화이트보드에 썼다.

■ 문제점

- **대형 강의** – 개인화 불가능
- **학과별 칸막이** – 융합 불가능
- **비효율적 자원 배분** – 지속 불가능
- **AI 시대 대비 부족** – 경쟁력 불가능

"맞습니다."

데이비드가 말했다.

"그런데 총장님, 이 모든 문제의 공통점이 뭔지 아세요?"

"뭔데요?"

"규모의 문제입니다. 교수 한 명이 감당할 수 있는 학생 수의 한계, 학교가 제공할 수 있는 과목 수의 한계, 개인화 교육의 불가능성… 모두 '규모'의 문제예요."

"그래서 AI 에이전트가 해답이라는 거죠?"

"정확합니다. 에이전트는 확장 가능합니다. 학생이 1명이든 10,000명이든 똑같은 품질의 개인화 교육을 제공할 수 있어요."

레베카는 의자에 기대앉았다.

"하지만 데이비드, 한 가지 걱정되는 게 있어요."

"뭔데요?"

"우리가 학생들을 기계와 공부하게 만드는 건 아닐까요? 인간적 교감을 잃는 건 아닐까요?"

데이비드는 잠시 생각하다가 답했다.

"오늘 200명 강의실에서 보셨죠? 그 학생들, 교수와 교감하던 가요?"

"…아니었죠."

"맞아요. 이미 교감은 없어요. 너무 많으니까. 그런데 만약 에이전트가 기초를 담당하고, 교수가 20명 학생과 깊이 있는 세미나를 한다면? 그게 더 인간적이지 않을까요?"

레베카는 고개를 끄덕였다.

"파일럿을 시작합시다. 언제부터 가능해요?"

"학과 선정하고, 플랫폼 선택하고, 커스터마이징하고… 빨라야 다음 학기요."

"너무 느려요. 6주 안에 시작합시다."

"6주요? 불가능한데요."

"데이비드, 우리에게는 2년밖에 없어요. 한 학기를 날릴 순 없어요."

데이비드는 한숨을 쉬었다.

"좋아요, 6주! 하지만 작게 시작해야 해요. 한 과목씩, 한 클래스 씩, 설득이 되는대로."

"첫 번째는 어느 과목, 어느 클래스가 좋을까요?"

"가장 문제가 심각한 곳. 그리고 효과를 객관적으로 측정할 수 있는 곳."

두 사람은 동시에 같은 말을 했다.

"공대 1학년 미적분."

레베카는 노트북을 열어 해당 과목 데이터를 찾았다.

"작년 가을학기 미적분 I… 평균 C+, 중도 포기율 31%, 학생 만족도 2.3/5.0…"

"완벽한 테스트 케이스네요."

데이비드가 말했다.

"누가 가르치죠?"

"토머스 라이트 교수님. 60대 초반, 전통적인 교수법 고수, 하지만 학생들을 진심으로 걱정하시는 분이에요."

"설득할 수 있을까요?"

"데이터를 보여드려야죠. 그리고…"

데이비드는 미소를 지었다.

"작은 뇌물도 필요할 거예요."

"뇌물이요?"

"채점 자동화. 라이트 교수님이 가장 싫어하시는 게 200명이나 되는 학생들의 과제 채점이거든요."

레베카는 웃었다.

"좋아요. 내일 아침 라이트 교수님을 만나 봅시다."

그날 밤 11시, 레베카는 혼자 캠퍼스를 걸었다. 불이 꺼진 건물들, 텅 빈 도서관, 조용한 광장.

그녀는 벤치에 앉아 밤하늘을 올려다봤다.

"2년… 정말 할 수 있을까?"

주머니에서 전화가 울렸다. 진동이 다리에 전해졌다. 이사장 제임스였다.

"레베카 총장, 늦은 시간에 미안하네. 오늘 들은 소식이 있어서."

레베카의 심장이 뛰었다.

"무슨 소식입니까?"

"자네가 오늘 여러 학과를 돌아다니며 학생들과 얘기했다더군. 뭔가 계획이 있나?"

"캠퍼스를 이해하고 싶었습니다."

"좋아. 하지만 레베카, 명심하게. 교수들은 변화를 좋아하지 않아. 특히 기술에 관한 것은 더더욱. 조심해서 진행하게."

"알겠습니다."

전화를 끊고, 레베카는 다시 밤하늘을 올려다봤다.

'조심해서? 아니, 우리에게 조심할 시간은 없어. 과감하게 가야 해.'

그녀는 일어서서 총장실로 돌아갔다. 해야 할 일이 산더미였다.

금지된 실험

다음날 아침 9시, 레베카와 데이비드는 사이언스 건물 3층 토머스 라이트 교수 연구실 앞에 서 있었다.

"준비됐어요?"

레베카가 물었다.

"데이터는 완벽합니다. 하지만…"

데이비드는 망설였다.

"라이트 교수님은 꽤 보수적이십니다. 한 번 마음먹으시면 안 바꾸시고."

"그래서 당신이 있는 거잖아요. 기술 전문가로."

노크를 했다. 안에서 낮은 목소리가 들렸다.

"들어오세요."

연구실은 예상대로 책과 논문으로 가득 차 있었다. 칠판에는 복잡한 수식들이 가득했고, 벽에는 오래된 수학자들의 초상화가 걸려 있었다.

라이트 교수는 의자에서 일어나 그들을 맞았다. 60대 초반, 은빛 머리, 두꺼운 안경.

"총장님, 무슨 일이십니까?"

"교수님, 잠깐 시간 괜찮으시겠어요? 상의드릴 게 있어요."

"앉으시죠."

레베카는 조심스럽게 입을 열었다.

"교수님의 미적분 수업 데이터를 봤습니다."

라이트 교수의 얼굴이 굳었다.

"아, 그거… 작년 결과가 좋지 않았죠. 알고 있습니다."

"교수님 잘못이 아닙니다."

레베카가 빠르게 말했다.

"시스템의 문제예요. 한 분이 200명을 가르치는 게 애초에 불가능한 일이니까요."

라이트 교수는 한숨을 쉬었다.

"매년 이렇습니다. 첫 시험을 보면 절반이 낙제점이에요. 그럼 저는 강의 속도를 늦추고, 다시 설명하고… 하지만 소용없어요. 잘하는 학생들은 지루해하고, 못하는 학생들은 여전히 못 따라와요."

"그래서 교수님께 제안을 드리려고요."

데이비드가 노트북을 열었다.

"AI 학습 도우미를 도입하고 싶습니다."

라이트 교수의 표정이 변했다.

"AI? 그거 ChatGPT 같은 거 말입니까? 아니요, 안 됩니다. 학생들이 그걸로 숙제를 베끼는 걸 어떻게 막습니까?"

"베끼는 게 아니라 학습하게 만들 겁니다."

데이비드가 시연을 시작했다.

화면에 학생과 AI 에이전트의 대화가 나타났다.

» 학생: 이 적분 문제 어떻게 풀어요?

» 에이전트: 먼저 질문이 있어요. 이 함수를 보면 어떤 적분 기법이 떠오르나요?

» 학생: 음… 치환적분이요?

» 에이전트: 좋아요! 왜 치환적분이라고 생각했죠?

» 학생: 안쪽에 복잡한 식이 있어서요.

» 에이전트: 정확해요. 그럼 무엇을 u로 놓으면 좋을까요?

라이트 교수는 화면을 주의 깊게 지켜봤다.

"계속 보여 주세요."

대화는 15분 정도 이어졌다. 에이전트는 단 한 번도 답을 주지 않았다. 대신 질문하고, 힌트를 주고, 학생이 스스로 답에 도달하도록 안내했다.

"흥미롭군요."

라이트 교수가 말했다.

"하지만 이건 한 문제예요. 실제 수업에서는 어떻게 작동합니까?"

데이비드는 다른 화면을 띄웠다.

"에이전트는 각 학생의 학습 데이터를 추적합니다. 어떤 개념을 이해했는지, 어디서 막히는지, 어떤 실수를 자주 하는지…"

화면에는 학생별 대시보드가 나타났다. 개념 이해도가 색깔로 표시되어 있었다. 빨강(어려움), 노랑(보통), 초록(이해).

"그리고 교수님께는 이런 걸 제공합니다."

전체 학급의 히트맵이 나타났다. 어떤 개념을 학생들이 가장 어려워하는지 한눈에 보였다.

"이걸 보면…"

라이트 교수가 화면을 가리켰다.

"여기, '연쇄법칙' 부분을 60%가 어려워하는군요."

"네, 그럼 교수님은 다음 강의에서 그 부분을 집중적으로 다룰 수 있습니다. 모든 학생이 아니라, 정말 필요한 학생들에게만."

라이트 교수는 팔짱을 꼈다.

"보기엔 좋습니다만… 현실적으로 가능한 일입니까? 이런 시스템을 구축하려면 얼마나 걸리죠?"

"이미 있습니다."

데이비드가 답했다.

"여러 플랫폼을 검토했고, 우리 상황에 맞는 것을 골랐습니다. 2주면 커스터마이징 가능합니다."

"비용은?"

"그건 제가 처리하겠습니다."

레베카가 말했다.

"교수님은 그냥 써 보시기만 하면 됩니다."

라이트 교수는 망설였다.

"솔직히… 두렵습니다."

"무엇이요?"

"이게 효과가 있으면요."

라이트 교수가 쓴웃음을 지었다.

"그럼 나 같은 교수가 필요 없어지는 거 아닙니까?"

레베카는 의자를 앞으로 당겼다.

"교수님, 질문 하나 드려도 될까요?"

"네."

"교수님께서 교수가 된 이유가 뭡니까?"

라이트 교수는 잠시 생각했다.

"학생들이… 수학의 아름다움을 느꼈으면 해서요. 단순히 계산이 아니라, 논리의 우아함, 증명의 즐거움을…"

"그런데 지금 그걸 할 시간이 있으세요?"

"…없습니다. 200명 출석 체크하고, 과제 채점하고, 이메일 답장하고… 정작 중요한 건 못 하고 있죠."

"바로 그겁니다." 레베카가 말했다. "에이전트가 반복적인 작업을 맡으면, 교수님은 진짜 가르침에 집중할 수 있어요. 20명의 학생들과 수학의 아름다움에 대해 토론할 수 있어요."

라이트 교수의 눈빛이 흔들렸다.

"정말… 그게 가능할까요?"

"해 봅시다."

데이비드가 말했다.

"한 학기만요. 만약 효과가 없으면 중단하겠습니다. 하지만 만약 된다면…"

"학생들이 진짜 배울 수 있을 겁니다."

레베카가 마무리했다.

긴 침묵이 흘렀다.

"조건이 있습니다."

라이트 교수가 마침내 말했다.

“말씀하세요.”

“학생들의 동의를 받아야 합니다. 그리고 중간에 문제가 생기면 즉시 중단할 수 있어야 합니다. 그리고…”

“그리고요?”

“이걸 다른 교수들한테 강제하지 마세요. 선택은 자유여야 합니다.”

레베카와 데이비드는 눈빛을 교환했다.

“동의합니다.”

레베카가 손을 내밀었다.

라이트 교수는 잠시 망설이다가 악수를 받았다.

“언제 시작합니까?”

“4주 후, 가을학기 시작과 함께요.”

연구실을 나서며 데이비드가 속삭였다.

“한 명 확보했네요.”

“이제 학생들입니다.”

“그건 더 쉬울 거예요. 학생들은 새로운 기술을 좋아하니까.”

하지만 레베카는 걱정스러웠다.

“문제는 다른 교수들이에요. 라이트 교수님 수업에서 성과가 나오면, 다른 교수들은 어떻게 반응할까요?”

“질투? 분노?”

“두려움.”

레베카가 말했다.

“자신들이 대체될지도 모른다는 두려움.”

“그래서 어떻게 하실 건데요?”

“데이터로 말하는 거죠. 감각이 아니라 숫자로.”

그들은 학생회관으로 향했다. 미적분 수업을 듣는 학생들을 만나기 위해.

＊ ＊ ＊

레베카는 5명의 학생들과 마주 앉았다. 학생회관의 라운지는 약간 소란스러웠지만 대화하기에 그리 나쁜 장소는 아니었다.

“여러분을 부른 이유는…”

레베카가 설명했다. 학생들의 반응은 다양했다.

“와, 진짜요? AI가 수학 가르쳐준다고요?”

한 학생이 흥분했다.

“근데 안전한가요? 개인정보 같은 거…”

다른 학생이 걱정했다.

“저는 반대예요.”

구석에 앉은 여학생이 말했다.

“교수님이 가르쳐야죠. 기계가 아니라.”

레베카는 그 여학생에게 집중했다.

“이름이 뭐예요?”

“엠마입니다. 엠마 로드리게스!”

“엠마, 왜 반대하는지 말해 줄 수 있어요?”

엠마는 잠시 망설이다가 솔직하게 말했다.

"작년에… 동생이 온라인 강의만 들었어요. 동생은 완전히 망가졌어요. 사람과의 접촉이 없으니까요. 저는 그런 걸 원하지 않아요."

레베카는 고개를 끄덕였다.

"이해해요. 하지만 이건 온라인 강의가 아니에요. 교수님은 여전히 강의하세요. 다만 추가로 개인 튜터가 생기는 거예요. 24시간 질문할 수 있는."

"그게 뭐가 다른데요?"

데이비드가 노트북을 열었다.

"보여드릴게요."

그는 실제 시연을 했다. 미적분 문제를 입력하자, 에이전트가 단계별로 질문하며 학생을 안내했다.

학생들은 화면에 집중했다.

"오…"

한 남학생이 감탄했다.

"이거 진짜 똑똑한데요?"

"질문도 할 수 있어요."

데이비드가 말했다.

"밤 2시에도, 주말에도. 그리고 여러분이 이해할 때까지 몇 번이고 설명해 줘요. 짜증내지 않고."

학생들이 웃었다.

"그럼 중간고사는 어떻게 되는 거예요?"

한 학생이 물었다.

"똑같아요. 다만 여러분이 더 잘 준비될 거예요."

“과제는요?”

“에이전트가 도와주지만, 답은 안 줘요. 스스로 풀어야 해요.”

“그럼 뭐가 좋은 거예요?” 엠마가 회의적으로 물었다.

레베카가 답했다.

“막혔을 때 도움을 받을 수 있다는 거예요. 강의실에서 몇 백명 앞에서 질문하는 게 부담스럽죠? 에이전트한테는 부담 없이 물어볼 수 있어요. 그리고 여러분의 약점을 정확히 파악해서 거기에 맞춰 설명해 줘요.”

“개인 과외 선생님 같은 거네요.”

한 학생이 말했다.

“정확해요. 모든 학생이 개인 과외를 받는 거예요.”

학생들은 서로 눈빛을 교환했다.

“저는 해 보고 싶어요.”

흥분했던 학생이 말했다.

“저도요.”

엠마만이 여전히 망설이고 있었다.

“엠마는?”

레베카가 물었다.

“…한 번 해 볼게요. 근데 이상하면 말할 거예요.”

“당연하죠. 여러분의 피드백이 가장 중요해요.”

* * *

그날 오후, 레베카는 이사장에게 진행 상황을 보고했다.

"파일럿 프로그램을 시작합니다. 공대 미적분 I, 학생 200명, 4주 후 시작입니다."

"교수는 동의했나?"

"네, 토머스 라이트 교수입니다."

"예산은?"

"첫 학기는 파일럿이니까 에이전트 플랫폼 회사에서 할인 받았습니다. 약 10,000달러."

"학생당 50달러라… 저렴하네. 하지만 레베카, 실패하면 어떻게 할 건가?"

"실패하지 않습니다."

"어떻게 확신하지?"

"확신하지 못합니다."

레베카가 솔직하게 답했다.

"이사장님, 저는 인디애나 농장에서 자랐습니다. 농사에서 배운 게 있다면, 씨를 뿌리지 않으면 수확도 없다는 것입니다. 우리는 지금 씨를 뿌려야 할 때입니다. 시도하지 않으면 확실히 실패해요. 지금처럼 가면 2년 못 버팁니다."

제임스는 한숨을 쉬었다.

"자네를 믿네. 하지만 조심해. 교수 사회는 생각보다 보수적이야."

"알고 있습니다."

전화를 끊고, 레베카는 창밖을 바라봤다.

4주. 준비할 시간이 4주밖에 없었다.

＊ ＊ ＊

그날 밤 11시, 레베카는 데이비드와 함께 체크리스트를 만들었다.

- **Week 1** – 에이전트 플랫폼 최종 선정 및 계약
  – 미적분학 커리큘럼 분석 및 에이전트 트레이닝
  – 학생 오리엔테이션 자료 준비
- **Week 2** – 라이트 교수와 에이전트 인터페이스 테스트
  – 파일럿 학생 20명 선발 및 사전 교육
  – 데이터 수집 시스템 구축
- **Week 3** – 전체 학생 대상 설명회
  – 기술 지원 팀 구성
  – 비상 대응 계획 수립
- **Week 4** – 최종 시스템 점검
  – 교수·학생 킥오프 미팅
  – 언론 대응 준비 (혹시 모를)

"빡빡하네요."

데이비드가 말했다.

"빡빡해야 해요. 늦추면 안 돼요."

"총장님, 질문 하나 해도 될까요?"

"뭐든."

"왜 이렇게 서두르세요? 한 학기 늦춰도 큰 차이 없을 텐데요."

레베카는 잠시 망설이다가 서류함에서 문서 하나를 꺼냈다.

"이거 보세요."

그것은 재정 예측 보고서였다. 붉은 숫자들이 가득했다.

"6개월 후면 교수 월급 지급이 어려워집니다. 1년 후면 일부 건물 폐쇄를 고려해야 해요. 18개월 후면…"

"구조조정."

"네, 그 전에 반드시 성과를 보여 줘야 해요. 그래야 이사회를 설득할 수 있고 더 많은 투자를 받을 수 있어요."

데이비드는 심각한 표정으로 보고서를 읽었다.

"이렇게 나쁜 줄 몰랐네요."

"이제 이해되나요? 우리가 왜 서둘러야 하는지."

"알겠습니다. 4주 안에 준비하겠습니다."

"감사해요, 데이비드."

데이비드가 나가고, 레베카는 혼자 남았다.

그녀는 노트북을 열어 이메일을 확인했다. 200개가 넘는 읽지 않은 메일. 그중 하나가 눈에 띄었다.

발신자: 캐서린 해리슨 (인문대학장)

제목: 우려사항

레베카 모리슨 총장님께

소문을 들었습니다. 공대에 AI 시스템을 도입한다고요. 총장님, 대학은 공장이 아닙니다. 학생은 제품이 아니고, 교수는 작업자가 아닙니다.

교육은 기술로 해결할 수 없습니다. 인간과 인간의 만남, 스승과 제자의 교감, 이것이 진짜 교육입니다.

이 계획을 재고해 주시기 바랍니다.

– 캐서린 해리슨

레베카는 길게 한숨을 쉬었다.

'시작도 안 했는데 벌써 저항이 시작됐구나.'

그녀는 답장을 쓰기 시작했다.

캐서린 학장님께

우려해 주셔서 감사합니다. 교수님 말씀이 맞습니다. 교육은 인간과 인간의 만남입니다.

하지만 질문 하나 드리겠습니다. 몇 백 명 강의실에서 그 만남이 가능합니까? 교수님은 학생 한 명 한 명의 이름을 아십니까? 누가 어려워하는지 아십니까?

저는 기술로 교수를 대체하려는 게 아닙니다. 오히려 교수님들이 진짜 교육에 집중할 수 있게 돕고 싶습니다.

4주 후 시작합니다. 직접 보시고 판단해 주세요.

– 레베카 모리슨

답장을 보내고, 레베카는 노트북을 닫았다.

창밖으로 캠퍼스가 보였다. 어둠 속에서 몇몇 건물의 불빛만이 반짝이고 있었다.

‘4주… 이번 한 번 뿐이야. 실패하면 끝이야.’

그녀는 가방을 챙겨 집으로 향했다. 내일부터 진짜 전쟁이 시작될 것이다.

제2장: 에이전트 탐색
THE SEARCH

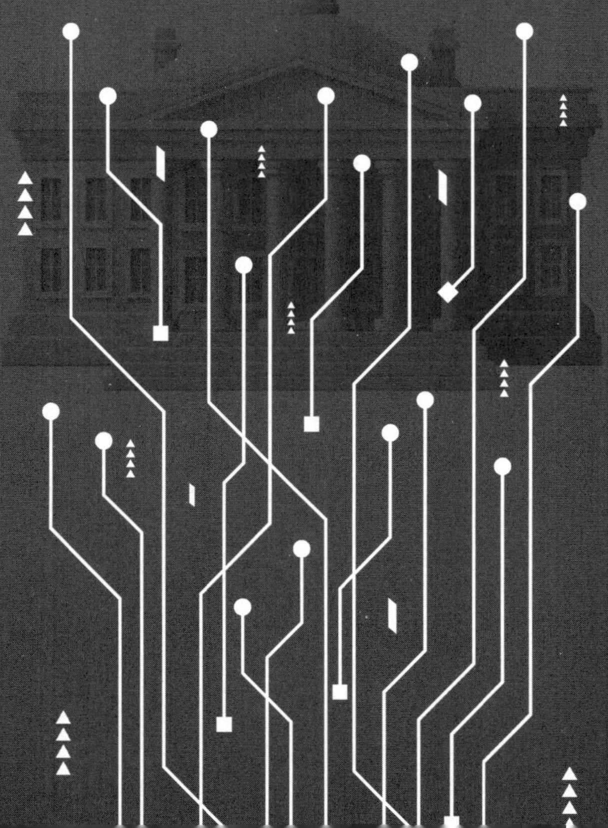

솔루션 헌팅

2025년 9월 9일, 화요일 오전.

데이비드의 연구실은 화이트보드로 가득했다. 아니, 정확히는 화이트보드가 연구실을 점령했다고 해야 맞을 것이다. 벽면이 모두 화이트보드였고, 심지어 창문 옆 유리에도 포스트잇이 덕지덕지 붙어 있었다. 여러 AI 학습 플랫폼의 비교 분석이 빼곡히 적혀 있었다. 빨강, 파랑, 검정 마커로 그려진 도표들, 화살표들, 숫자들이 마치 예술 작품처럼 보였다.

레베카 총장이 커피 두 잔을 들고 들어왔다. 종이컵에서 올라오는 수증기가 아침 햇살에 반짝였다. 커피 향이 연구실에 퍼졌다. 화이트보드 마커 냄새와 뒤섞여 묘한 조화를 이뤘다.

"거의 못 주무셨나 봐요…"

데이비드는 피곤한 얼굴이지만 활짝 웃었다. 눈 밑에 다크서클이 짙었다. 같은 옷을 입고 있는 걸 보니 밤을 샌 것 같았다. 하지만 그의 눈은 반짝였다. 무언가를 발견한 사람의 눈빛이었다.

"네, 근데 결론은 났어요."

"정말요? 어서 듣고 싶군요."

데이비드가 화이트보드 앞에 섰다.

"AI 학습 도구를 선택하는 건 단순한 기술 결정이 아닙니다. 교육 철학을 선택하는 겁니다."

그는 화이트보드에 세 가지 범주를 그렸다.

■ 교육 AI 접근법

1. 대형 범용 플랫폼

　– 강력하고 범용적

　– 하지만 우리만의 색깔 입히기 어려움

2. 교육 특화 솔루션

　– 이미 검증된 교육 방법론

　– 하지만 우리 커리큘럼에 맞추기 제한적

3. 맞춤 구축

　– 완전한 통제권

　– 하지만 시간과 비용 필요

레베카가 커피를 한 모금 마시며 물었다.

"구체적으로 어떤 옵션들을 봤나요?"

"먼저 교육 특화 솔루션부터 봤습니다. 칸아카데미의 칸미고 (Khanmigo) 같은 거요. 이미 학생 28,000명이 쓰고 있고, 소크라테스식 대화법으로 검증된 도구입니다."

"좋네요. 그럼 그걸로 하면 되잖아요?"

데이비드가 고개를 저었다.

"칸미고는 훌륭해요. 하지만 칸아카데미의 콘텐츠에 최적화되어 있습니다. 라이트 교수님의 강의 노트, 교육 철학, 과거 시험 문제를 학습시킬 수 없어요."

"음…"

"교육 AI가 진짜 효과를 내려면, 교수님의 '분신'이 되어야 합니다. 교수님이 강의실에서 쓰는 비유, 말투, 강조하는 포인트까지 반영해야 해요. 그래야 학생들이 '아! 이거 라이트 교수님 스타일이네' 하고 느낍니다."

레베카가 천천히 고개를 끄덕였다. 이해한다는 표정이었다.

"그럼 범용 플랫폼은요?"

"그게 두 번째 옵션입니다. 대형 AI 플랫폼들은 강력하고 유연해요. 우리가 원하는 대로 커스터마이징할 수 있습니다. 교수님의 교육 철학을 완전히 반영할 수 있죠."

"비용은?"

데이비드가 노트를 펼쳤다.

"사용량 기반 과금입니다. 학생이 질문하고 답변을 받는 만큼만 비용이 나와요. 시뮬레이션했더니 학생당 월 1~2달러 정도. 300명이면 월 300~600달러 사이입니다."

"합리적이네요."

"그리고 중요한 건, 데이터 소유권이에요. 모든 대화 로그, 학습 패턴, 교수님의 프롬프트 설계가 우리 것입니다. 나중에 다른 시스템으로 옮기고 싶으면 다 가져갈 수 있어요."

"벤더 락인[2]이 없다는 거네요?"

---

2. 벤더 락인(Vendor Lock-in): 사용자가 특정 공급업체나 기술에 종속되어, 다른 공급업체나 기술로 쉽게 전환하기 어려운 상태.

"정확합니다. 단계적 접근이 가능해요. 처음엔 범용 플랫폼으로 빠르게 시작하고, 나중에 규모가 커지면 자체 구축도 고려할 수 있습니다."

레베카가 잠시 생각하더니 물었다.

"세 번째 옵션, 맞춤 구축은 어때요?"

"장기적으로는 가장 이상적입니다. 완전한 통제권, 무한한 커스터마이징, 학생 수가 늘어도 비용이 거의 안 늘어나죠."

"하지만?"

"하지만 초기 구축에 6개월, 비용은 수만 달러가 듭니다. 우리에게는 지금 시간도 예산도 없어요."

데이비드가 화이트보드에 타임라인을 그렸다.

■ 단계적 AI 도입 전략

- **1단계 (현재~6개월): 범용 플랫폼**

  - 빠른 시작

  - 파일럿 검증

  - 교육 방법론 개발

- **2단계 (6~12개월): 최적화**

  - 사용 패턴 분석

  - 비용 효율성 개선

  - 확장 준비

- **3단계 (12개월+): 자체 구축 고려**

  - 규모의 경제 달성 시

- 완전한 커스터마이징

- 장기 비용 절감

"현명한 접근이네요."

레베카가 미소 지었다.

그때 문이 열렸다. 첫 번째 파일럿 강의를 맡기로 한 토머스 라이트 교수가 들어섰다.

"부르셨다고요?"

"네, 교수님. 좋은 소식이 있습니다."

교육 철학의 구현

오후 3시, 대학 컨퍼런스 룸.

세 사람이 테이블에 앉았다. 데이비드가 노트북을 열었다.

"교수님, 질문 하나 드려도 될까요?"

"물론이죠."

"교수님께서 42년간 가르치시면서 가장 중요하게 생각하신 건 무엇일까요?"

라이트 교수는 잠시 창밖을 바라보았다. 그의 눈이 멀어졌다. 먼 과거를 회상하는 표정이었다. 캠퍼스를 가로지르는 학생들이 보였다. 가방을 메고, 웃으며 미래를 꿈꾸는 젊은이들.

"관계입니다."

"관계요?"

"네, 교육의 본질은 관계예요. 교사와 학생 사이의 관계."

그는 말을 이었다.

"제가 처음 이 대학에 왔을 때가 1983년이었어요. 첫 미적분 강의에 학생이 20명이었죠. 한 명 한 명 이름을 외웠습니다. 누가 어떤 방식으로 생각하는지, 어디서 자주 막히는지 알았어요."

"지금은요?"

"지금은 200명입니다. 이름도 몰라요. 강의는 일방향 방송이 되었고, 질문하는 학생도, 답할 시간도 없어요. 시험 점수로만 학생을 봅니다.”

라이트 교수의 목소리에 아쉬움이 묻어났다. 그는 커피잔을 쥐었다. 손이 약간 떨렸다. 레베카는 그 떨림을 보았다.

“오피스 아워에 가끔 학생이 찾아와요. ‘교수님, 저 수학 포기하고 싶어요’라고 말하죠. 그럼 저는 물어봅니다. ‘어디서 막히는데?’ 한 시간 대화하다 보면, 문제는 수학이 아니더군요. 자신감이었어요. 한 번도 ‘너도 할 수 있어’라는 말을 들어본 적이 없었던 거예요.”

레베카가 조용히 물었다.

“그 학생들을 다 도와주실 수 있었나요?”

“아니요. 시간이 없어요. 200명 중 다섯 명쯤? 나머지는… 저는 그들을 포기한 겁니다.”

침묵이 흘렀다. 무거운 침묵이었다. 컨퍼런스룸 밖에서 학생들의 웃음소리가 희미하게 들렸다. 그 소리가 더 슬프게 느껴졌다.

데이비드가 입을 열었다.

“교수님, 그 ‘관계’를 회복할 수 있다면 어떨까요? 200명 모두와.”

“불가능해요, 데이비드. 하루가 24시간인데.”

“AI의 도움을 받으면요?”

라이트 교수가 고개를 들었다.

“AI가 학생들과 관계를 맺는다고요?”

“아니요.”

데이비드가 손을 저었다.

“AI가 교수님을 ‘증폭’시키는 겁니다. 교수님의 목소리, 교수님의 방식, 교수님의 철학으로 200명 모두와 대화하는 거예요.”

데이비드가 노트북을 돌렸다. 화면의 빛이 테이블에 반사되었다.

"이걸 보세요. 교수님의 교육 철학을 AI에게 가르칠 수 있습니다."

화면에는 다음과 같은 텍스트가 있었다.

■ 토머스 라이트 교수 교육 철학

1. 직관적 이해가 먼저, 공식 암기는 나중

– "이해하면 공식은 저절로 따라온다"

2. 실생활 예시를 자주 사용

– "추상적 개념을 구체적 경험과 연결"

3. 학생이 막히면 더 단순한 문제로 돌아가기

– "계단을 한 칸씩 올라가자"

4. 실수를 안전하게 만들기

– "틀려도 괜찮아. 그게 배우는 과정이야"

5. 끊임없는 격려

– "너도 할 수 있어"

라이트 교수가 화면을 읽기 시작했다. 그의 눈이 커졌다. 입이 살짝 벌어졌다. 안경 너머로 놀라움이 역력했다.

"이게… 정말 제 말투네요. 어떻게…?"

"교수님의 강의를 분석했습니다. 42년간 쌓아온 교육 방법론이 여기 다 있어요."

데이비드가 계속 설명했다.

"AI 학습 파트너 'CAL'을 만들겠습니다. CAL은 학생들에게 교수님처럼 가르쳐요. 교수님이 쓰시는 비유, 말투, 강조하시는 포인트를 다 반영해서요."

"구체적으로 어떻게 작동하나요?"

"학생이 CAL에게 질문하면, CAL은 먼저 학생이 무엇을 알고 있는지 파악합니다. 그리고 교수님 스타일로 설명해요. 답을 주지 않고, 소크라테스처럼 질문으로 이끌어갑니다."

라이트 교수의 눈이 빛났다.

"소크라테스식 대화법…"

"네, 칸아카데미의 칸미고가 이미 이 방법으로 28,000명을 가르치고 있어요. 검증된 교육 방법론입니다."

데이비드가 데모를 보여 줬다.

"예를 들어, 학생이 '미분이 뭐예요?'라고 물으면…"

화면에 대화가 나타났다.

> » 학생: 미분이 뭐예요?
>
> » CAL: 좋은 질문이에요!
>
> 미분을 한 문장으로 설명하면, '어떤 순간의 변화율'이에요.
>
> 라이트 교수님이 자주 쓰시는 비유로 설명할게요.
>
> 차를 운전하고 있다고 생각해 봐요.
>
> 속도계를 보면 '시속 80km'라고 나와요.
>
> 이게 바로 미분이에요!
>
> 위치가 시간에 따라 어떻게 변하는지(속도)를 나타낸 거죠.

이해되나요? 아니면 다른 예시가 필요한가요?

라이트 교수가 웃었다.

"이거… 제가 실제로 강의실에서 하는 설명이에요!"

"맞아요. 교수님의 분신입니다."

레베카가 끼어들었다.

"교수님, 중요한 건 이겁니다. CAL이 교수님을 대체하는 게 아니에요. 교수님은 여전히 강의하시고, 여전히 학생들을 만나세요. 단지 CAL이 교수님이 물리적으로 할 수 없는 일을 돕는 거예요."

"어떤 일이요?"

"200명 모두와 개별적으로 대화하는 일입니다. 24시간, 일주일 내내요."

라이트 교수는 오랫동안 침묵했다.

"좋습니다. 해 봅시다."

파일럿 설계

2025년 9월 16일, 화요일 오전.

데이비드의 연구실에 라이트 교수, 레베카, 그리고 교육공학 전공 대학원생 소피아가 모였다.

"자, 시작합시다."

데이비드가 화이트보드에 '개인 맞춤 미적분 학습 에이전트 CAL'이라고 썼다.

"먼저 CAL의 역할을 정의해야 해요. 라이트 교수님, CAL이 학생들한테 어떤 도움을 주길 원하세요?"

라이트 교수가 생각하더니 말했다.

"첫째, 기본 개념을 이해 못 하는 학생들을 도와줬으면 해요. '극한이 뭐예요?'라고 물으면 차근차근 설명해 주고."

"좋아요."

데이비드가 적었다.

"다음은?"

"둘째, 문제 풀이 과정을 봐 줬으면 해요. 학생이 '이 문제 어떻게 풀어요?'라고 물으면, 답을 주는 게 아니라 힌트를 주면서 스스로 풀게 유도하고."

"완벽해요. 더 있나요?"

"셋째, 실수를 교정해 줬으면 해요. 학생이 잘못된 풀이를 하면,

‘왜 틀렸는지’ 설명해 주고. 그리고 넷째…”

라이트 교수가 잠시 멈췄다.

“24시간 365일 항상 있어 줬으면 해요. 학생들이 기숙사에서 밤 11시에 숙제하다 막혀도 물어볼 수 있게.”

소피아가 노트북을 두드리며 말했다.

“그럼 CAL의 세 가지 모드를 만드는 게 어떨까요? ‘개념 설명 모드’, ‘문제 풀이 모드’, ‘오류 교정 모드’.”

“좋은데요.”

라이트 교수가 고개를 끄덕였다. 데이비드가 화이트보드에 그림을 그렸다.

■ CAL의 작동 방식

[학생 질문]

↓

[의도 파악] – 이게 개념 질문? 문제 풀이? 오류 교정?

↓

[적절한 모드 선택]

↓

[라이트 교수 스타일로 응답]

“학생이 질문하면, CAL이 먼저 의도를 파악해요. 그리고 적절한 방식으로 답변합니다. 항상 교수님 스타일로요.”

레베카가 끼어들었다.

"좋아요. 그런데 학생이 '답 알려 줘'라고 하면 어떻게 해요?"

"거절해야죠."

라이트 교수가 단호하게 말했다.

"CAL은 학습 도구예요. 숙제 대행 서비스가 아니에요."

"동의해요."

데이비드가 노트북을 열었다.

"칸 아카데미의 카미고가 이걸 정말 잘해요. 학생이 답을 요구해도 정중하게 거절하고, 더 나은 방법을 제안하죠."

그는 예시를 보여 줬다.

» 학생: 그냥 답 알려 줘요, 시간 없어요.

» 카미고: 마감 압박 있는 거 이해해요!

　　하지만 이렇게 생각해 보세요.

　　제가 답만 알려 주면, 시험 때는 어떡하죠?

　　이렇게 할까요?

　　지금 한 문제만 같이 풀어봐요 (3분).

　　그럼 나머지 문제도 같은 방법으로 풀 수 있을 거예요.

　　어때요?

라이트 교수가 감탄했다.

"학생을 설득하네요. 강압이 아니라."

"그게 핵심입니다. CAL은 학생의 편이에요. 하지만 정직한 편입니다."

데이비드가 타이핑을 시작했다.

"교수님의 철학을 코드로 만들어 볼게요."

■ CAL 설계 철학

- **역할**: 라이트 교수의 개인화된 학습 파트너

- **핵심 원칙**

  - 절대 직접 답을 주지 않는다

  - 소크라테스식 질문으로 이끈다

  - 인내심이 무한하다

  - 학생의 수준에 맞춘다

  - 실수를 안전하게 만든다

- **라이트 교수 교육 철학**

  - 직관적 이해가 먼저, 공식은 나중

  - 실생활 예시를 자주 사용

  - 막히면 더 단순한 문제로

  - 끊임없는 격려

- **대화 방식**

  - 학생의 질문을 따뜻하게 인정

  - 현재 이해 수준 파악

  - 소크라테스식 힌트 제공

  - 단계별로 안내

  - 스스로 시도하도록 격려

  - 작은 진전도 칭찬

- **예시**

  - 학생: x^2을 미분하면 뭐예요?

  - 나쁜 답변: $2x$예요.

  - 좋은 답변: 좋은 질문이에요! 함께 생각해 볼까요. 미분은 변화율

    이죠? x^2이 x에 따라 어떻게 변하는지 봅시다. 거듭제곱 법칙 기

    억하죠? x의 n제곱이 있을 때, 지수가 어떻게 되요? 한번 적용해

    보고 답해 주세요!

- **제한사항**

  - 숙제를 대신 풀어주지 않는다

  - 학생의 작업 없이 답을 확인해 주지 않는다

  - 부정행위를 돕지 않는다

  - 24시간 가능하지만, 건강한 학습 습관 권장

"어때요?"

데이비드가 물었다. 라이트 교수가 화면을 읽더니 감동한 표정을

지었다.

"완벽해요. 특히 제 교육 철학까지 반영한 게 좋아요."

"그런데 한 가지 더 필요한 게 있어요."

라이트 교수가 말했다.

"뭔가요?"

"교수용 대시보드요. 학생들이 CAL과 뭘 배우는지 저도 봐야죠."

데이비드가 화이트보드에 그림을 그렸다.

■ 교수 대시보드

1. 학생 활동 개요

- 누가 CAL을 쓰고 있는가

- 얼마나 자주 쓰는가

- 언제 주로 쓰는가

2. 학습 분석

- 가장 많이 질문한 주제

- 공통적으로 어려워하는 부분

- 학생들의 오개념

3. 개별 학생 프로필

- 질문 이력

- 학습 진도

- 어려움을 겪는 영역

4. 주의 신호

- 2주 이상 미사용 학생

- 과도하게 의존하는 학생

- 답을 요구하는 학생

"완벽해요!"

라이트 교수의 눈이 빛났다.

"이렇게 하면 누가 뒤처지는지 바로 알 수 있겠네요."

레베카가 물었다.

"라이트 교수님, 이 대시보드 보시고 뭘 하실 건가요?"

"뒤처진 학생한테 직접 연락하죠. '요즘 괜찮아? CAL 안 쓰네? 어려운 거 없어?' 이렇게요. 그리고 너무 많이 쓰는 학생한테는 'CAL이 좋긴 한데, 스스로 생각하는 연습도 필요해'라고 말해 주고요."

"그거예요!"

레베카가 흥분했다.

"CAL이 교수님의 눈과 귀가 되는 거예요. 200명을 혼자 볼 수 없지만, CAL의 데이터를 보면 누구에게 관심을 줘야 할지 알 수 있어요."

데이비드가 노트북을 두드렸다.

"그럼 개발을 시작할게요."

"데이비드."

레베카가 말했다.

"네?"

"이거 정말 혁명적일 것 같아요."

데이비드가 피곤하지만 행복한 미소를 지었다.

"저도요. 그래서 밤을 새는 거죠."

* * *

오후. 파일럿 학생 모집 공고가 대학 포털과 이메일로 공지되었다.

■ AI 학습 파트너 프로그램 참가자 모집

미적분 I 수강 학생 여러분, 개인 맞춤형 AI 학습 파트너 'CAL'과 함께 공부할 기회!

- **대상**: 미적분 I 수강생 전체 (200명)

- **기간**: 9월 22일 ~ 12월 15일 (12주)

- **비용**: 완전 무료

- **CAL이 제공하는 것**

  - 24/7 개인 학습 도우미 (기숙사에서 밤 11시에도 OK!)

  - 무제한 질문 가능

  - 토머스 라이트 교수님 스타일로 가르쳐줌

  - 실시간 피드백과 격려

  - 절대 답을 직접 알려 주지 않음 (스스로 생각하게 도와줌)

- **CAL이 하지 않는 것**

  - 숙제 대신 풀어주기

  - 시험 답안 제공

  - 부정행위 도움

- **참여 조건**

  - 주 2회 이상 CAL 사용 (자유롭게)

  - 월 1회 피드백 설문 참여 (5분)

  - 학기말 인터뷰 참여 (30분)

이 프로그램은 최신 AI 기술을 교육에 적용하는 파일럿입니다.

여러분의 참여가 교육의 미래를 만듭니다!

- **신청:** 9월 18일까지

- **문의:** david.park@harverston.edu

– 하버스톤 대학교 교무처

공고가 나가고 2시간 만에 놀라운 일이 일어났다.

"데이비드!"

소피아가 소리쳤다.

"신청자가 166명이에요!"

"뭐? 전체가 200명인데?"

"네, 83% 신청률이에요. 댓글도 미쳤어요."

소피아가 화면을 보여 줬다.

"세상에 드디어! 밤 12시에 막혔을 때 물어볼 데가 생겼다!" "AI 튜터? 진짜 되면 판도가 바뀌는 거다." "무료면 안 할 이유가 없잖아" "좀 의심스럽긴 한데 궁금하긴 하네… 한번 해 보자" "답 안 알려 준다는 게 오히려 좋은 것 같은데. 진짜 배우고 싶음" "라이트 교수님 스타일로 24시간? 바로 신청!"

라이트 교수가 이메일을 보냈다.

데이비드

제 수업 학생 거의 모두가 신청했어요!

성적 상위권 학생들도 관심 있어 해요. 이거… 정말 될 것 같습니다.

레베카 총장이 연구실로 달려왔다.

"봤어요? 83% 신청률!"

"네, 놀랐어요."

"왜 이렇게 반응이 좋은 것 같아요?"

데이비드가 생각하더니 말했다.

"세 가지 이유 같아요. 첫째, 무료니까. 둘째, 24시간 도움받을 수 있다는 게 매력적이죠. 특히 기숙사 생활하는 학생들한테. 셋째…"

"셋째는?"

"학생들도 알아요. 지금 시스템이 망가졌다는 걸. 200명 강의실에서 교수님한테 질문 못 하고, TA 오피스 아워는 시간이 안 맞고, 유튜브 보면 이해는 안 되고… CAL이 그 빈틈을 채워줄 수 있어요."

레베카 총장이 창밖을 바라봤다.

"데이비드, 우리 진짜 뭔가 큰 걸 시작하는 것 같아요."

"네, 저도 그렇습니다. 무섭기도 하고."

"왜요?"

"실패하면 어떡하죠? 학생들 기대가 이렇게 큰데."

레베카가 그의 어깨에 손을 올렸다.

"그래서 우리가 최선을 다하는 거예요. 칸미고는 이미 28,000명 학생에게 검증됐어요. 듀오링고 맥스(Duolingo Max)는 수백만 명이 써요. 끌로드(Claude)는 기술적으로 더 앞서 있고요. 우리는 좋은 기반 위에 서 있어요."

"맞아요."

"그리고 실패해도 괜찮아요. 파일럿이니까. 배우는 거예요."

데이비드가 미소 지었다.

"감사합니다, 총장님."

"아니에요. 우리는 팀이에요."

그날 밤 10시, 데이비드는 마지막 준비를 하고 있었다.

그는 선정된 AI 솔루션 파트너에게 마지막 이메일을 보냈다.

제목: 출시 준비 완료

사라에게

준비 끝났습니다. 166명 학생이 신청했어요 (83%!).

시스템 테스트 완료. 프롬프트 최적화 완료. 대시보드 구축 완료.

9월 22일, 월요일, 오전 10시 - CAL을 런칭합니다.

떨리지만 기대돼요. 믿어 주셔서 감사합니다.

— 데이비드

3분 후 답장이 왔다.

데이비드

83%?! 놀랍네요. 저희 팀이 출시일에 모니터링할 거예요.

문제 생기면 즉시 해결할게요.

혼자가 아니십니다. 역사를 만들어 보시죠.

— 사라

데이비드는 노트북을 닫았다. 창밖으로 캠퍼스가 어둠 속에 잠겨 있었다. 올드 메인 건물의 시계탑이 10시를 알렸다.

24시간, 7일. 무제한 질문. 개인화된 피드백.

'이건…'

그는 미소 지었다.

'이건 정말 교육 혁명이야.'

첫 접촉

2025년 9월 22일, 월요일 오전 10시.

미적분 I 강의실. 스튜어트 홀 201호. 200명을 수용하는 대형 강의실이 학생들로 가득 찼다. 분위기가 평소와 달랐다. 기대감이 공기 중에 떠다녔다.

라이트 교수가 강단에 섰다.

"좋은 아침입니다, 여러분. 오늘은 특별한 날입니다."

학생들이 수군거렸다.

"오늘부터 여러분 모두에게 개인 학습 파트너가 생깁니다. 이름은 CAL입니다."

스크린에 CAL의 인터페이스가 나타났다. 깔끔하고 친근한 디자인이었다.

"CAL은 AI 학습 파트너입니다. 여러분이 언제든 질문하면 답해 주고, 문제 풀이를 도와주고, 개념을 설명해 줍니다. 24시간, 7일 내내."

한 학생이 손을 들었다.

"교수님, 그럼 ChatGPT랑 뭐가 달라요?"

"좋은 질문이에요."

라이트 교수가 웃었다.

"세 가지가 다릅니다. 첫째, CAL은 저의 교육 철학을 따릅니다. 제가 강의실에서 가르치는 방식 그대로예요."

"둘째는요?"

"둘째, CAL은 답을 주지 않습니다. 여러분이 스스로 생각하게 만들어요. 소크라테스라고 들어 봤나요? 2,400년 전 그리스 철학자인데, 질문으로 가르쳤어요. CAL도 그 방식을 따릅니다."

학생들이 웅성거렸다.

"셋째는?"

"셋째, CAL은 여러분을 이해합니다. 여러분이 뭘 어려워하는지, 어떤 스타일로 배우는지 기억해요. 그래서 점점 더 여러분에게 맞는 방식으로 도와줘요."

학생들의 눈빛이 달라졌다.

"숙제도 도와줘요?"

다른 학생이 물었다.

"도와주되, 대신해 주진 않아요. 힌트는 주지만, 답은 여러분이 직접 찾아야 해요. 그게 진짜 배우는 거니까."

"만약에 제가 '답 알려 줘'라고 하면요?"

라이트 교수가 웃었다.

"CAL이 정중하게 거절할 거예요. 그리고 더 좋은 방법을 제안할 거예요. 한번 시도해 보세요. CAL은 설득력이 좋아요."

학생들이 웃었다. 하지만 호기심 가득한 얼굴이었다.

"지금부터 CAL에 접속하는 방법을 알려드릴게요."

스크린에 QR 코드가 나타났다.

"각자의 폰으로 이 코드를 스캔하세요. 학교 계정으로 로그인하면 CAL이 여러분을 기다리고 있습니다."

학생들이 일제히 폰을 꺼냈다. 스캔 소리가 여기저기서 들렸다.

앞줄에 앉은 제이크도 로그인했다. 컴퓨터과학과 학생. 화면에 메시지가 나타났다.

> » CAL: 안녕하세요, 제이크 님!
>
>   저는 CAL, 당신의 미적분 학습 파트너예요. 함께 이 학기를 성공적으로 마쳐 봅시다!
>
>   먼저, 몇 가지 질문할게요.
>
>   1. 고등학교 때 미적분 배웠나요?
>
>   2. 수학 공부할 때 어떤 점이 제일 어려워요?
>
>   3. 이번 학기 목표가 뭐예요?
>
>   편하게 답해 주세요. 여기는 판단 없는 공간이에요.

제이크는 잠시 망설이다가 타이핑했다.

> » 제이크: 네, 배웠는데 거의 기억 안 나요. 개념은 알겠는데 문제에 적용을 못 하겠어요. B+ 이상 받고 싶어요.

CAL이 즉시 답했다.

> » CAL: 알겠어요! 제이크 님의 상황을 이해했어요.
>
>   제이크 님의 학습 프로필:
>
>   – 기초 지식: 있지만 복습 필요

– 주요 과제: 개념 → 문제 적용 능력 향상

– 목표: B+ 이상

제가 도울 수 있는 방법:

1. 매주 핵심 개념 복습 (라이트 교수님 스타일로)

2. 문제 풀이 전략 함께 개발

3. 실전 연습 문제 제공

4. 실생활 예시로 직관 강화 (교수님이 자주 쓰시는 방법)

준비되셨나요?

첫 번째 주제는 "극한"이에요. 간단한 문제 하나 풀어볼래요?

제이크는 놀라서 눈을 크게 떴다.

'이게 진짜 AI야? 사람이랑 대화하는 것 같은데…'

그는 답했다.

» **제이크**: 네, 해 볼게요.

CAL이 문제를 냈다.

» **CAL**: 워밍업 문제.

$$\lim_{x \to 2} \frac{(x^2-4)}{(x-2)}$$ 를 구하세요.

힌트도 필요 없어요. 일단 시도해 보세요!

틀려도 괜찮아요. 그게 배우는 과정이니까요.(라이트 교수님이 항상 하시는 말씀이죠?)

제이크는 종이에 끄적이기 시작했다. $x^2 - 4$를 $(x-2)(x+2)$로 인수분해하고… 약분하고… $x+2$가 남고… x에 2를 대입하면… 4!

> » 제이크: 답: 4
> » CAL: 정확해요!
>
> 제이크 님, 완벽해요! 인수분해로 0/0 꼴을 해결하는 방법을 기억하고 계셨네요.
>
> 이제 조금 더 깊이 들어가볼까요?
>
> 질문: 왜 처음에 그냥 $x=2$를 대입하면 안 될까요? 분자, 분모에 각각 2를 넣어 보면 뭐가 나오나요?
>
> 스스로 생각해 보고 답해 주세요! (라이트 교수님이 좋아하시는 질문이에요.)

제이크는 생각했다. '$x=2$를 넣으면… 4-4 = 0, 2-2 = 0… 아, 0/0이 되는구나!'

> » 제이크: 0/0이 되어서요. 그래서 인수분해해야 해요.
> » CAL: 정확해요!!!
>
> 제이크 님, 지금 중요한 걸 이해하셨어요.
>
> 극한의 핵심은 "0/0 같은 불확정 형태를 어떻게 해결하냐"예요.
>
> 이 방법이 바로 이번 주에 배울 "극한의 기본 기법" 1호예요.

라이트 교수님 말씀 기억하세요. "직관적으로 이해하면 공식은 저절로 따라온다."

더 연습하고 싶으면 언제든 저한테 문제 달라고 하세요.

아니면 궁금한 거 물어보세요. 저는 항상 여기 있어요!

Tip: 오늘 밤 복습할 때 이 문제 다시 풀어 보세요. 반복이 기억의 어머니예요!

제이크는 놀라서 스크린을 바라봤다. 5분 만에 개념을 이해하고, 문제도 풀고, 왜 그런지까지 알게 되었다.

'이거… 진짜 괜찮은데?'

* * *

강의실 뒷줄.

에밀리는 회의적인 표정으로 CAL에 접속했다.

» 에밀리: 미분이 뭐예요?

» CAL: 좋은 질문이에요, 에밀리 님!

미분을 한 문장으로 설명하면: "어떤 순간의 변화율"이에요.

비유를 들어 볼게요. (라이트 교수님 스타일로!)

차를 운전하고 있다고 상상해 봐요.

속도계를 보면 "시속 80km"라고 나와요.

이게 바로 미분이에요!

위치가 시간에 따라 어떻게 변하는지(속도)를 나타낸 거죠.

이해되나요? 아니면 다른 예시가 필요한가요?

에밀리는 인정하지 않을 수 없었다. 설명이 명확했다. 라이트 교수가 실제로 강의실에서 쓰는 비유였다.

그녀는 좀 더 어려운 질문을 던졌다.

» 에밀리: 그럼 왜 배워야 해요?

» CAL: 오! 본질적인 질문이네요. 에밀리 님, 철학적이시네요!

미분을 배워야 하는 이유 (라이트 교수님이 학기 첫날 하신 말씀)

1. 실생활 문제 해결

- "어떻게 하면 이익을 최대화할까?"

- "어떻게 하면 비용을 최소화할까?"

- 이런 최적화 문제는 모두 미분으로 풀어요.

2. 세상의 변화 이해

- 물체가 어떻게 움직이는지

- 질병이 어떻게 퍼지는지

- 기후가 어떻게 변하는지

- 모두 "변화율"로 설명돼요.

3. AI/기계학습의 핵심

- 신경망이 어떻게 학습하는지?

- 경사하강법? 바로 미분이에요!

에밀리 님은 어떤 분야에 관심 있나요? 그 분야에서 미분이 어떻게 쓰이는지 보여드릴게요!

에밀리는 약간 감동받았다. 단순히 "시험 보니까"가 아니라, 진짜 이유를 설명했다.

» 에밀리: 저는 경제학 복수전공하려고 해요.
» CAL: 완벽해요!

경제학에서 미분은 필수예요. (라이트 교수님이 경제학과 학생들 한테 자주 하시는 얘기)

예를 들어

– 한계효용: 소비가 한 단위 증가할 때 만족도 변화

→ 효용함수의 미분!

– 탄력성: 가격이 변할 때 수요 변화율

→ 수요함수의 미분!

– 최적 의사결정: 이익을 최대화하는 생산량 찾기

→ 이익함수를 미분해서 0이 되는 지점!, 다시 말해 이익 이 증가하다가 감소하는 시점,

이번 학기 후반 "최적화"를 배울 때, 경제학 예제로 보여드릴 게요!

에밀리 님의 목표를 기억한 후 경제학 중심으로 도와드릴게요!

에밀리는 미소를 지었다.
'이거… 생각보다 괜찮네.'

학습의 혁명

점심시간.

제이크, 에밀리, 그리고 몇몇 학생들이 학생회관의 카페테리아에 모였다.

"CAL 써 봤어?"

제이크가 물었다.

"응. 생각보다 괜찮던데."

에밀리가 인정했다.

"나도! 진짜 사람이랑 대화하는 것 같았어."

다른 학생이 말했다.

"근데 진짜 도움이 될까?"

회의적인 학생이 물었다.

"모르지. 일단 써 보자. 어차피 무료잖아."

"그리고 밤에 기숙사에서 숙제하다가 막힐 때 좋을 것 같은데?"

"맞아. TA 오피스 아워는 시간 안 맞고, 유튜브는 뭔 말인지 모르겠고…"

"CAL은 내가 뭘 모르는지부터 물어보더라. 맞춤형이라는 게 느껴졌어."

그때 한 학생이 노트북을 열며 말했다.

"야, 근데 CAL 쓰는 법이 따로 있는 것 같아. 내가 아까 '답 알려

쥐' 했더니 거절당했어."

제이크가 웃었다.

"그게 포인트야. 답을 알려 주면 배우는 게 아니잖아. 이렇게 해 봐."

그는 자신의 경험을 설명했다.

"첫째, 문제를 스스로 풀어봐. 진짜로. 둘째, 막히는 부분을 정확히 찾아. 셋째, CAL한테 '이 부분에서 막혔어. 내 접근이 맞아?'라고 물어봐. 넷째, CAL이 질문하면 성의껏 답해 봐. 그게 대화야."

"그럼 답을 얻을 수 있어?"

"아니, 더 좋은 걸 얻어. '이해'를."

에밀리가 끼어들었다.

"맞아. 나도 처음엔 짜증 났는데, CAL이 계속 '왜 그렇게 생각해?'라고 물어보더라. 답하다 보니까 내가 뭘 모르는지 알게 됐어."

"CAL이 거울 같은 거야."

제이크가 말했다.

"내 생각 과정을 보여 주는."

한 학생이 조심스럽게 물었다.

"그래도… AI잖아. 진짜 배우는 건 사람이랑 해야 하는 거 아니야?"

제이크가 고개를 저었다.

"처음엔 나도 그렇게 생각 했어. 근데 CAL은 라이트 교수님을 대체하는 게 아니야. 교수님이 200명 모두한테 개별적으로 관심을 줄 수 있게 해 주는 거야."

"무슨 뜻이야?"

"강의실에서는 질문 잘 못하잖아. 창피해서, 시간 없어서. CAL에게는 10번을 물어도 판단 안 해. 그게… 진짜 게임 체인저야."

에밀리가 덧붙였다.

"그리고 CAL이 내 전공도 고려해서 설명해 줘. 내가 경제학을 한 댔더니, 미분을 경제 예시로 설명하더라."

"진짜? 나도 그렇게 해 봐야겠다."

학생들은 CAL에 대해 계속 이야기했다. 회의적이던 분위기가 점점 호기심으로 바뀌고 있었다.

* * *

그날 밤 11시.

제이크는 기숙사 방에서 숙제를 하다가 막혔다. $\lim\limits_{x \to 0} \dfrac{(\sin x)}{x}$ 를 구하는 문제였다.

그는 CAL을 켰다.

> » 제이크: CAL, 이 문제 어떻게 풀어요? $\lim\limits_{x \to 0} \dfrac{(\sin x)}{x}$

> » CAL: 오, 이건 유명한 극한이에요! (라이트 교수님이 "이거 시험에 꼭 나온다"고 하셨죠?)
>
> 먼저, 직접 $x=0$을 넣어 보면 어떻게 되나요?

> » 제이크: 0/0이 돼요.

> » CAL: 맞아요! 불확정 형태네요.

그럼 어떻게 해결할까요?

- 힌트 1: 이전에 배운 인수분해 방법은 여기서 안 통해요.

- 힌트 2: 단위원(unit circle)을 생각해 보거나, 그래프를 그려

  보면 패턴이 보여요.

일단 시도해 볼래요? 아니면 더 구체적인 힌트가 필요한가요?

제이크는 단위원을 그려 봤다. sin x는 y좌표, x는 각도…

10분을 고민했지만 막막했다.

» 제이크: 모르겠어요. 좀 더 도와주세요.

» CAL: 괜찮아요! 이건 처음 배울 때 어려운 극한이에요.

  시각화해 볼게요.

  x가 매우 작을 때 (예: 0.1, 0.01, 0.001…) sin $x \approx x$ 예요.

  왜냐하면, 단위원에서 각도가 작으면 sin(각도)과 각도 자체가

  거의 같거든요.

  그럼 $(\sin x)/x \approx x/x = 1$

  실제로 이 극한의 값은 1 이에요.

  라이트 교수님 말씀: 이 결과는 외워야 해요. 자주 나와요!

  중요한 건

  - 이 결과: $\lim_{x \to 0} \dfrac{(\sin x)}{x} = 1$

  - 왜 그런지 직관: 작은 각에서 sin $x \approx x$

  교수님이 다음 주에 자세히 증명할 거예요. 지금은 결과와 직관

  을 기억하세요!

이해되나요? 아니면 더 설명이 필요한가요?

제이크는 고개를 끄덕였다. 완전히 이해한 건 아니지만, 적어도 답과 직관은 알았다.

> » 제이크: 네, 감사해요!
> » CAL: 천만에요!
>
> 밤 11시까지 공부하다니, 제이크님 정말 열심히 하시네요! 잠깐 쉬었다가 계속하세요.
>
> 라이트 교수님이 항상 하시는 말씀: "충분한 수면도 학습에 중요해요!"
>
> 내일 또 봐요!
>
> Tip: 내일 아침에 이 문제 한 번 더 보세요. 복습 타이밍이 중요해요!

제이크는 웃었다. 'AI인데 잠자라고 걱정까지 하네.'

그는 노트북을 덮고 침대에 누웠다.

창밖으로 하버스톤 대학교 캠퍼스가 보였다. 9월의 인디애나 밤하늘에 별이 빛나고 있었다.

'이거… 진짜 혁명일지도 몰라.'

데이터가 말하는 진실

데이비드의 연구실, 같은 시각.

데이비드는 실시간 대시보드를 보고 있었다.

■ 실시간 분석 (1일차)

- **활성 학생 수**: 164 / 166 (99%)
- **총 질문 수**: 2,847
- **학생당 평균 질문 수**: 17.4
- **피크 시간**
  - 오전 10~11시: 538 질문 (론칭 시간)
  - 오후 7~9시: 892 질문 (스터디 타임)
  - 오후 10~12시: 654 질문 (기숙사 밤 숙제)
- **가장 많이 질문한 주제**
  1. 극한 (45%)
  2. 기초 미분 (28%)
  3. 개념 설명 (18%)
  4. 학습 팁 (9%)
- **학생 반응 (자동 감지)**
  - 긍정 피드백: 78%
  - 중립: 19%

    – 부정: 3%
- **주의 플래그**
    – 3명 학생이 답 달라고 시도 (CAL 정중히 거절)
    – 0명 미사용
    – 0명 과다사용

레베카가 문을 열고 들어왔다.

"어때요?"

데이비드가 화면을 보여 줬다.

"믿을 수 없어요. 98.8% 활성 사용자, 평균 11.5개 질문, 78% 긍정 반응…"

"예상했던 것보다 훨씬 좋네요."

"네… 저도 놀랐어요."

레베카가 의자에 앉으며 안도의 한숨을 쉬었다.

"정말 작동하네요."

"네."

두 사람은 잠시 침묵했다. 대시보드의 숫자들이 실시간으로 올라가고 있었다.

"데이비드."

"네?"

"우리가 뭔가… 정말 중요한 걸 시작한 것 같아요."

데이비드가 고개를 끄덕였다.

"저도요. 이건 시작일 뿐이에요."

창밖으로 캠퍼스가 보였다. 어둠 속에서 기숙사 불빛들이 반짝이고 있었다. 대학 본관 건물인 올드 메인과 신축 사이언스 빌딩 사이로 학생들이 걸어가는 모습이 보였다.

그 불빛 하나하나 뒤에 166명의 학생들이 각자의 AI 학습 파트너와 대화하고 있었다. 24시간 전만 해도 상상할 수 없었던 일이 지금 현실이 되고 있었다.

라이트 교수의 성찰

그날 밤, 라이트 교수는 연구실에 혼자 앉아 있었다.

창밖으로 캠퍼스가 보였다. 42년 전, 그가 처음 이 대학에 왔을 때와 똑같은 풍경이었다.

하지만 교육은 변했다.

첫 강의 때는 학생이 20명이었다. 한 명 한 명 이름을 외웠다. 오피스 아워에는 커피를 나눠 마시며 인생 고민을 들어줬다.

"교수님, 저 수학을 포기하고 싶어요."

"왜?"

"이해가 안 돼요."

"어디서 막히는데?"

그렇게 한 시간씩 대화했다. 학생의 눈에 이해의 빛이 들어오는 순간, 그보다 보람찬 일이 어디 있었나. 그런데 지금은?

200명.

'이게 교육인가?'

그는 오래전 읽었던 파울로 프레이리(Paulo Freire)의 말을 떠올렸다.

> "교육은 세상을 바꾸는 무기가 아니다. 교육은 세상을 바꿀 수 있다고 믿는 사람을 기르는 일이다."

CAL은 도구다.

하지만 그 도구가 내게 잃어버린 것을 돌려줄 수 있을까?

200명과 다시 대화할 수 있을까?

컴퓨터 화면에 CAL의 대시보드가 떠 있었다.

학생 164명 활성, 총 2,847개 질문, 평균 11.5회 상호작용

숫자 뒤에 사람이 있다.

밤 11시에 극한 문제로 씨름하는 제이크. 경제학과 수학의 연결을 찾고 싶어 하는 에밀리. 평생 "난 수학 못 해"라고 믿었던 소피아.

CAL은 그들과 대화하고 있다. 자신의 목소리와 자신의 철학으로.

'이게 교육의 미래일까?'

라이트는 모니터를 응시했다.

'아니, 이건 미래가 아니다. 이건 과거로 돌아가는 길이다.'

'기술이 발전하기 전, 교육이 관계였던 시절로.'

'한 명의 교사가 한 명의 학생을 만나 함께 길을 찾아가던 시절로.'

'단지 이제는 한 명의 교사가 기술의 도움으로 수백 명과 그 관계를 맺을 수 있게 된 것뿐.'

그는 미소 지었다.

42년 만에 다시 교사가 된 기분을 느꼈다.

인디애나 주 작은 대학에서 교육 혁명이 조용히, 하지만 확실하게 시작되고 있었다.

제3장: 학습의 재발견

THE AWAKENING

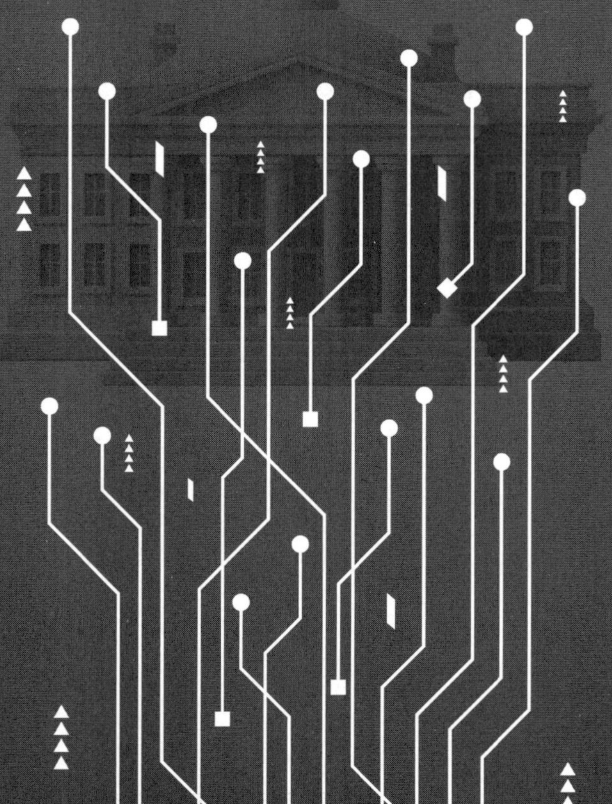

컴퓨터과학과의 돌파구

2025년 10월 15일, 수요일 오후 11시.

알렉스 데이비스의 기숙사 방. 책상 위에는 커피잔이 세 개나 쌓여 있었다. 노트북 화면의 시계는 23:47을 가리키고 있었다. 자료구조 과제 마감까지 남은 시간은 12분.

"제길…"

알렉스가 키보드를 두드리며 중얼거렸다. 아니, 거의 내려쳤다. 타닥타닥. 분노의 타자였다. 옆방에서 음악 소리가 희미하게 들렸다. 누군가는 여유롭게 놀고 있었다. 알렉스는 턱을 괸 채 화면을 노려봤다.

이진탐색트리(Binary Search Tree) 구현. 알고리즘 자체는 이해했다. 문제는 실제로 작동하지 않는다는 것이었다. 삽입 함수가 계속 무한 루프에 빠졌다.

알렉스는 슬랙을 열었다. 같은 과목을 듣는 동기들의 메시지가 실시간으로 올라오고 있었다. 핑, 핑, 핑. 알림음이 계속 울렸다. 모두들 같은 상황이었다. 그게 조금 위로가 됐다.

[CS206-자료구조]

» 제임스: 누가 좀 도와줘… 삽입(insertion)이 안 돼 ㅠㅠ

» 사라: 나도 막혔어… 재귀(recursion)가 왜 안 끝나지?

» 알렉스: 나도 같은 문제, 무한루프 돈다.

알렉스는 한숨을 쉬며 ChatGPT를 열었다. 길고 깊은 한숨. 이미 오늘만 세 번째였다. 코드를 복사해서 붙이고 "이 코드 뭐가 틀렸어?"라고 물었다. 엔터. 기다림. 3초.

답은 언제나 빨랐다. 답은 3초 만에 왔다.

» GPT: parent 포인터를 업데이트하지 않았습니다. 13번째 줄을 다음과 같이 수정하세요.

```
if (newValue < current->value) {
current->left = newNode;
}"
```

알렉스는 제시된 코드를 그대로 복사했다. 붙여넣기. 컴파일. 실행. 작동했다.

"됐다!"

하지만 뭔가 찜찜했다. 알렉스는 여전히 뭐가 문제였는지 정확히 이해하지 못했다. 그냥… 작동할 뿐이었다.

그때, 화면 오른쪽 하단에 알림창이 떴다.

■ Personal Learning 에이전트 - ALAN

» ALAN: 알렉스, 아직 깨어 있네요? 과제 진행 상황이 어때요?

알렉스는 살짝 놀랐다. ALAN. 2주 전 파일럿 프로그램에 지원하면서 할당 받은 개인 학습 에이전트였다. 처음엔 신기했지만, 솔직히 ChatGPT와 뭐가 다른지 잘 몰라서 거의 쓰지 않고 있었다.

> » 알렉스: 그냥… 해결했어요.
> » ALAN: 해결 과정을 보니 ChatGPT에서 코드를 복사한 것 같은데, 맞나요?

알렉스는 움찔했다. 손가락이 키보드에서 떨어졌다.
'어떻게 알았지?'
마치 옆에서 지켜보고 있는 것 같았다. 소름이 돋았다.

> » 알렉스: …네.
> » ALAN: 그 방법도 괜찮아요. 하지만 제가 다른 접근을 제안해도 될까요?
> » 알렉스: 뭔데요?
> » ALAN: 코드를 복사하기 전에, 먼저 어디가 틀렸는지 스스로 찾아보는 거예요. 제가 도와드릴게요. 알렉스의 원래 코드를 보여 주시겠어요?

알렉스는 망설였다. 시간도 없는데… 하지만 궁금했다. 그는 처음 짰던 코드를 붙여 넣었다.

> » ALAN: 좋아요. 이제 함께 디버깅해 봅시다. 먼저 질문할게요. 이 함

수가 하는 일이 뭔가요? 한 문장으로 설명해 보세요.

> » 알렉스: 음… 새로운 노드를 트리에 추가하는 거요.
> » ALAN: 정확해요. 그럼 새 노드를 추가할 때 반드시 업데이트해야 하는 게 뭐가 있을까요?

알렉스는 생각했다.

> » 알렉스: 새 노드의 값… 그리고 부모 노드의 포인터?
> » ALAN: 완벽해요! 그럼 알렉스의 코드에서 부모 노드의 포인터를 업데이트하는 부분을 찾아볼까요?

알렉스는 코드를 다시 읽었다. 눈으로 한 줄 한 줄 따라가며. 손가락으로 화면을 짚으며. 1번 줄, 2번 줄, 3번 줄…

7번 줄에서 멈췄다.

그리고 깨달았다.

"아…"

알렉스의 눈이 커졌다. 입이 살짝 벌어졌다.

"없네요. 부모의 left나 right를 새 노드로 설정하는 코드가 없어요!"

스스로 찾아낸 것이었다. 누가 알려 준 게 아니라.

> » ALAN: 바로 그거예요! 어디에 추가해야 할까요?

알렉스는 스스로 코드를 수정했다. 7번째 줄과 11번째 줄에 포인
터 업데이트를 추가했다.

```cpp
if (newValue < current->value) {
current->left = newNode;    ☜ 이 줄을 추가했다!
}
```

컴파일. 실행. 성공.
"됐다!"
하지만 이번에는 달랐다.
완전히 달랐다.
알렉스는 정확히 무엇이 문제였고, 왜 그렇게 고쳐야 하는지 알았
다. 이해했다. 몸으로 느껴졌다. 이게 학습이구나.

> ALAN: 축하해요! 스스로 찾아냈네요. ChatGPT가 준 답과 똑같은
> 답이에요. 하지만 차이가 뭔지 느껴지나요?

알렉스는 잠시 생각했다.

> 알렉스: 이번엔… 제가 이해했어요. 왜 그래야 하는지.
> ALAN: 정확해요. 그게 학습이에요. 답을 아는 것과 원리를 이해하는

것의 차이죠. 다음 과제에서 비슷한 문제가 나오면, 알렉스는
이제 스스로 해결할 수 있을 거예요.

알렉스는 묘한 기분이 들었다. 가슴이 뛰었다. 성취감? 그런 건가?
ChatGPT는 그냥 답을 줬다. 빠르고 정확했다. 복사, 붙여넣기,
끝. 5초. 효율적이었다.

하지만 ALAN은⋯ 가르쳐줬다.

질문했다. 생각하게 했다. 스스로 찾게 했다.

알렉스는 노트북 화면을 물끄러미 바라봤다. 시계는 자정을 넘어
00:23을 가리키고 있었다. 하지만 피곤하지 않았다. 오히려 맑았다.

> **알렉스**: ALAN, 고마워요. 근데 신기한데⋯ ChatGPT랑 뭐가 달라요?

> **ALAN**: ChatGPT는 질문에 답하는 걸 목표로 설계됐어요. 저는 학습
> 을 목표로 설계됐죠. 차이가 있어요.

> **알렉스**: 어떤 차이?

> **ALAN**: ChatGPT는 '답'을 주고, 저는 '이해'를 주려고 해요. 때로는
> 더 느리고 번거로울 수 있어요. 하지만 장기적으로는⋯

> **알렉스**: 더 배우는 게 많다?

> **ALAN**: 정확해요. 그리고 알렉스가 어떤 개념을 이미 알고 있는지, 어
> 떤 방식으로 배우는 게 효과적인지도 저는 학습하고 있어요.
> 2주 동안 알렉스와 대화하면서 패턴을 파악했거든요.

알렉스는 놀라서 물었다.

» 알렉스: 진짜요? 제 학습 패턴을?

» ALAN: 네, 예를 들어 알렉스는 추상적 설명보다는 구체적인 예시를 선
호해요. 그리고 큰 그림을 먼저 보고 디테일로 들어가는 top-
down 방식이 효과적이에요. 시각적 도표도 좋아하고요.

» 알렉스: 맞는 것 같은데?

» ALAN: 그래서 다음 주 동적프로그래밍 과제 준비할 때, 제가 다이어
그램과 예시 위주로 설명해드릴게요. 알렉스한테 가장 효과적
일 거예요.

알렉스는 노트북 화면을 한참 바라보았다. 이건… 진짜 개인 과외
였다.

* * *

10월 18일, 토요일 오전 10시.

겐지 다나카 교수는 연구실에서 ALAN 대시보드를 보고 있었다.
파일럿에 참여한 10명 학생들의 학습 데이터가 실시간으로 업데이
트되고 있었다.

■ **Student Learning Analytics - Week 3**

• **알렉스 데이비스**

– 학습 시간: 주당 18시간 (전주 대비 +40%)

– 에이전트 상호작용: 127회

- 평균 대화 길이: 8.3분

- 주요 활동: 디버깅 지원 (43%), 개념 설명 (31%), 코드 리뷰 (26%)

- 학습 성과: 중간고사 예상 점수 82점 → 수정 예상 91점

- 특이사항: Week 2부터 ChatGPT 사용 빈도 감소, ALAN 사용 증가

겐지 교수는 알렉스의 대화 로그를 열었다. 스크롤을 내리며 읽어 내려갔다.

"와…"

단순한 Q&A가 아니었다. ALAN과 알렉스의 대화는 마치 숙련된 멘토와 제자의 대화 같았다. ALAN은 알렉스가 막히는 정확한 지점을 찾아내고, 적절한 힌트를 주고, 스스로 해결하게 유도했다.

겐지 교수는 다른 학생들 데이터도 확인했다.

- **사라 화이트**

  - 학습 시간: 주당 22시간 (전주 대비 +60%)

  - 에이전트 상호작용: 203회

  - 주요 활동: 개념 설명 (58%), 연습문제 생성 (27%), 복습 (15%)

  - 학습 성과: 예상 점수 67점 → 수정 예상 79점

  - 특이사항: 야간 학습 증가, 자발적 추가 문제 풀이 요청

- **브라이언 밀러**

  - 학습 시간: 주당 15시간 (전주 대비 +20%)

  - 에이전트 상호작용: 89회

　　– 주요 활동: 코드 최적화 (51%), 심화 개념 (34%), 프로젝트 아이
　　　디어 (15%)
　　– 학습 성과: 예상 점수 88점 → 수정 예상 95점
　　– 특이사항: 에이전트 제안으로 개인 프로젝트 시작

10명 전원이 학습 시간이 증가했고, 예상 성적도 평균 12점 상승했다.

겐지 교수는 놀라서 데이비드에게 전화를 걸었다.

"데이비드, 이거 진짜예요? 조작된 거 아니죠?"

"왜요? 무슨 문제라도…"

데이비드의 목소리는 침착했다.

"문제가 아니라… 너무 좋아요. 믿기지 않을 정도로."

"데이터는 거짓말 안 해요, 교수님. 학생들이 실제로 더 많이 배우고 있어요."

"어떻게 이게 가능하죠? 에이전트가 정확히 뭘 하는 거예요?"

데이비드가 설명했다.

"간단해요. 개인화예요. 각 학생의 수준, 학습 스타일, 약점을 파악하고 거기에 맞춰서 가르쳐요. 교수님이 1:1로 가르치는 것과 같은 효과죠."

"하지만 저는 한 학기에 120명을 가르쳐요. 1:1이 불가능하죠."

"그렇지요. 하지만 에이전트는 120명을 동시에 1:1로 가르칠 수 있어요."

겐지 교수는 할 말을 잃었다.

"그리고 교수님, 더 놀라운 게 있어요."

"뭔데요?"

"학생들이 교수님한테 더 많이 찾아와요."

"네?"

데이비드가 데이터를 공유했다.

■ Office Hour Attendance

- Week 1: 3명
- Week 2: 7명
- Week 3: 14명

"왜죠? 에이전트가 있는데 저한테 왜 와요?"

"에이전트가 기본 개념을 가르쳐주니까, 학생들이 더 깊은 질문을 하고 싶어져요. '어떻게'를 에이전트한테 배우고, '왜'를 교수님한테 물어보는 거예요."

겐지 교수는 생각에 잠겼다.

"그럼… 에이전트가 저를 대체하는 게 아니라…"

"보완하는 거예요. 교수님은 이제 단순 지식 전달에서 해방돼서, 진짜 교육에 집중할 수 있어요."

겐지 교수는 화면의 데이터를 다시 보았다. 숫자들이 달리 보였다.

"데이비드."

"네?"

"이거… 다른 과목에도 적용할 수 있어요?"

"물론이죠. 그게 계획이에요."

겐지 교수는 미소를 지었다.

"좋아요. 저 완전히 납득했어요. 이제 다른 교수들 설득해야겠네요."

* * *

10월 20일, 월요일 오후 3시.

CS 전공 중간고사.

알렉스는 시험지를 받아 들고 첫 문제를 읽었다.

"다음 코드의 시간 복잡도를 분석하고, 최적화 방안을 제시하시오."

그는 미소를 지었다. 3주 전 같았으면 막막했을 문제였다. 하지만 지금은 달랐다. ALAN과 비슷한 문제를 수십 번 풀었다. 패턴이 보였다. 접근 방법이 명확했다.

알렉스는 펜을 들자마자 답을 쓰기 시작했다. 손은 매끄럽게 움직였다.

두 시간 후, 시험이 끝났다.

복도에서 사라가 달려왔다.

"알렉스! 어땠어?"

"좋았어. 확실히 이번엔 달라."

"나도! ALAN 덕분인 것 같아. 개념이 확실히 잡혔어."

브라이언도 합류했다.

"진짜 신기한 게, 시험 보면서 ALAN이 설명해 준 게 자꾸 생각나더라. 마치 옆에서 힌트를 주는 것처럼."

알렉스가 환하게 웃었다. 처음으로 이해했다는 기쁨이었다.

"맞아. 내면화됐다고 해야 하나? 이제 내 꺼가 된 느낌?"

세 사람은 학생식당으로 걸어가며 계속 이야기했다.

"근데 신기한 게, 난 교수님 찾아가서 질문해. ChatGPT 있을 때는 안 갔는데."

사라가 말했다.

"나도!"

브라이언이 동의했다.

"ALAN이 기본은 가르쳐주니까, 교수님한테 더 깊은 거 물어보고 싶어져."

알렉스가 천천히 고개를 끄덕였다. 이해한다는 표정으로.

"에이전트가 선생님을 대체하는 게 아니라⋯ 우리를 더 나은 학생으로 만들어 주는 건가?"

* * *

10월 25일, 토요일 오후.

중간고사 채점이 끝났다. 겐지 교수는 성적표를 보며 믿을 수 없다는 표정을 지었다.

■ **CS206 자료구조 중간고사 결과**

- **파일럿 참여 학생 (10명)**
  - 평균: 87.3점
  - 중앙값: 89점
  - 표준편차: 6.2
- **일반 학생 (110명)**
  - 평균: 71.2점
  - 중앙값: 69점
  - 표준편차: 15.8

겐지 교수는 데이비드에게 이메일을 보냈다.

제목: 믿을 수 없습니다

데이비드

파일럿 학생들 성적이 일반 학생들보다 평균 16점 높습니다. 단 3주 만에요.

더 놀라운 건, 파일럿 그룹의 표준편차가 6.2밖에 안 된다는 겁니다. 학생들 간 편차가 극적으로 줄어들었어요. 모두가 높은 수준으로 성장했다는 의미입니다.

이건… 교육의 패러다임이 바뀌는 겁니다.

– 겐지 다나카

데이비드는 이 이메일을 레베카 총장에게 전달했다.

레베카는 오랫동안 화면을 바라보다가, 조용히 말했다.

"시작됐네요."

철학과의 혁명

2025년 10월 16일, 목요일 오후 8시.

도서관 3층 개인 열람실. 엠마는 노트북 앞에서 펜을 빙빙 돌리고 있었다.

"'철학개론 과제: 자유의지는 존재하는가?'에 대한 4페이지 에세이를 작성하시오."

엠마는 노트에 답을 끄적이다가 지우기를 반복했다. 무슨 말을 써야 할지 막막했다.

'자유의지… 당연히 있지. 내가 지금 이 글을 쓰는 것도 내 의지잖아?'

하지만 그걸 어떻게 논증하지? 캐서린 모로우 교수는 분명히 말했다.

"느낌이 아니라 논리로 증명하라."

엠마는 한숨을 쉬며 노트북을 열었다. 부팅 소리가 조용히 울렸다. 그리고 망설이다가 SAGE를 실행했다.

SAGE(Socratic Agent for Guided Exploration.)

철학과 파일럿을 위해 특별히 커스터마이징된 에이전트였다. 캐서린 모로우 교수와 데이비드가 2주 동안 매달려서 만든 작품이었다.

» SAGE: 안녕하세요, 엠마. 무엇을 고민하고 계신가요?

» 엠마: 자유의지에 대한 에세이를 써야 하는데… 어디서부터 시작해야 할지 모르겠어요.

» SAGE: 좋은 질문이에요. 그럼 제가 질문을 드릴게요. 엠마는 자유의지가 존재한다고 생각하시나요?

» 엠마: 네, 당연히 있죠.

» SAGE: 왜 그렇게 생각하시나요?

» 엠마: 왜냐면… 제가 지금 이 대화를 하는 것도 제 선택이니까요.

» SAGE: 흥미롭네요. 그럼 이렇게 생각해 봅시다. 엠마가 지금 이 대화를 선택한 이유는 뭔가요?

» 엠마: 과제 때문이요.

» SAGE: 그렇다면 과제를 하지 않을 수도 있었나요?

» 엠마: 음… 기술적으로는요. 하지만 F 받고 싶지 않으니까요.

» SAGE: 그렇다면 엠마의 선택은 '과제를 해야 F를 피할 수 있다'는 인과관계에 의해 결정된 건 아닐까요?

엠마는 멈칫했다.

» 엠마: 아… 그러네요. 그럼 제 선택은 사실 선택이 아니라 결정된 거예요?

» SAGE: 그게 바로 결정론자들의 주장이에요. 우리의 모든 선택은 선행 원인에 의해 결정된다는 거죠. 자유의지는 환상일 뿐이라고요.

» 엠마: 그럼 자유의지는 정말 없는 건가요?

» SAGE: 제가 답을 주는 대신, 엠마 스스로 생각해 보면 어떨까요? 다음 질문을 고민해 보세요. 인과관계와 자유의지는 양립할 수 없나요?

엠마는 노트북에 적었다.

» 엠마: 인과관계 vs 자유의지

모든 선택에는 이유가 있다

이유가 있다 = 인과관계가 있다?

그럼 자유의지는 없다?

하지만… 뭔가 이상함

» SAGE: 좋은 질문이에요. 뭐가 이상하게 느껴지나요?

» 엠마: 내가 선택한다는 느낌은 분명히 있어요. 이게 환상이라고 하기엔… 너무 실제 같아요.

» SAGE: 그 느낌을 철학적으로 탐구한 사람들이 있어요. 양립가능론자들이에요. 그들은 인과관계와 자유의지가 함께 존재할 수 있다고 주장해요.

» 엠마: 어떻게요?

» SAGE: 제가 예시를 들어볼게요. 엠마가 아침에 커피를 마셨다고 해 봅시다. 왜 마셨나요?

» 엠마: 졸려서요.

» SAGE: 맞아요. 졸림이라는 원인이 있었죠. 하지만 엠마는 커피 대신 차를 마실 수도 있었고, 아무것도 안 마실 수도 있었어요. 맞

나요?

> » 엠마: 네.

> » SAGE: 그렇다면 원인이 있으면서도 선택의 여지가 있었던 거예요.
> 이게 양립가능론의 핵심이에요. 자유의지는 '원인 없음'이 아
> 니라, '강제 없음'을 의미한다는 거죠.

엠마의 눈이 반짝였다.

> » 엠마: 아! 그러니까 내가 원인에 의해 영향을 받지만, 강제당하지 않는
> 다면 그게 자유의지라는 거네요?

> » SAGE: 정확해요! 이제 이 아이디어를 에세이로 발전시킬 수 있겠어
> 요?

엠마는 빠르게 타이핑하기 시작했다.

30분 후.
엠마는 첫 번째 단락을 완성했다. SAGE에게 보여 줬다.

> » SAGE: 좋은 시작이에요. 하지만 한 가지 질문할게요. 강제와 영향의
> 차이는 정확히 뭔가요?

> » 엠마: 음… 강제는… 다른 선택이 아예 불가능한 거고, 영향은 다른
> 선택이 가능하지만 어떤 쪽으로 기울어진 거?

> » SAGE: 훌륭한 구분이에요. 그럼 이 구분을 에세이에 명시적으로 써

보면 어떨까요? 독자가 확실히 이해할 수 있도록.

엠마는 문장을 추가했다.

1시간 후.

엠마는 두 번째 단락을 작성했다. 결정론자들의 반론을 다뤘다.

> » SAGE: 좋아요. 반대 의견을 제시했네요. 하지만 이 반론에 대한 엠마
> 의 답변은요?
>
> » 엠마: 제 답변이요?
>
> » SAGE: 네, 철학 에세이는 단순히 여러 입장을 나열하는 게 아니에요.
> 엠마 자신의 논증을 제시해야 해요. 결정론자들의 반론에 대
> 해 어떻게 대응할 건가요?

엠마는 다시 생각에 잠겼다.

> » 엠마: 결정론자들은 모든 선택이 과거에 의해 결정된다고 하잖아요.
> 그럼 제가 반론할 수 있는 게… 과거가 나를 결정하지만, 그
> '나'에는 내 가치관, 신념, 욕구도 포함되어 있다는 거?
>
> » SAGE: 매우 좋은 지적이에요! 그게 바로 프랑크푸르트의 계층적 욕
> 구 이론과 연결되는 부분이에요. 우리는 단순히 욕구를 갖는
> 게 아니라, 욕구에 대한 욕구를 가진다는 거죠. 이걸 에세이에
> 발전시켜 보세요.

2시간 후.

엠마는 4페이지 에세이를 완성했다. SAGE와의 대화를 거치며, 그녀는:

- 자유의지의 정의를 명확히 했다.
- 결정론과의 관계를 탐구했다.
- 양립가능론을 이해하고 발전시켰다.
- 반론을 제기하고 대응했다.
- 자신만의 결론을 도출했다.

> » SAGE: 완성했네요! 처음과 비교해서 어때요?

엠마는 자신의 에세이를 다시 읽었다. 놀라웠다. 2시간 전 그녀는 무슨 말을 써야 할지 몰랐다. 지금은 체계적인 논증을 갖춘 에세이가 있었다.

> » 엠마: 놀라워요. 제가 이렇게 쓸 수 있을 줄 몰랐어요.
> » SAGE: 엠마가 쓴 거예요. 저는 질문만 했을 뿐이에요.
> » 엠마: 하지만 질문이 저를 생각하게 만들었어요. 혼자였으면 이렇게 깊이 생각 못 했을 거예요.
> » SAGE: 그게 소크라테스식 대화법이에요. 답을 주는 게 아니라, 질문을 통해 스스로 답을 찾게 하는 거죠.

엠마는 미소를 지었다.

> » 엠마: SAGE, 진짜 고마워요. 근데 신기한 게… 저 교수님한테 질문하고 싶어졌어요.
>
> » SAGE: 무슨 질문이요?
>
> » 엠마: 이 에세이에서 제가 내린 결론이 맞는지, 교수님은 어떻게 생각하시는지 궁금해요.
>
> » SAGE: 아주 좋은 신호예요. 제가 답을 주지 않았기 때문에, 엠마는 여전히 궁금증이 있어요. 그게 진짜 학습이에요.

* * *

10월 17일, 금요일 오후 2시.

캐서린 모로우 교수는 연구실에서 엠마를 맞이했다.

"엠마, 앉아요. 무슨 질문이에요?"

엠마는 자신의 에세이를 펼쳤다.

"교수님, 제가 자유의지에 대해 이렇게 논증했는데요… 제 논리에 허점이 있나요?"

캐서린 교수는 에세이를 읽기 시작했다. 눈이 점점 커졌다.

'이게… 1학년이 쓴 글이라고?'

에세이는 명확한 논증 구조를 가지고 있었다. 정의, 논증, 반론, 대응, 결론. 철학 전공 3학년 수준이었다.

"엠마, 이거 누가 도와줬어요?"

"SAGE요."

"SAGE가 뭐라고 했어요?"

“질문만 했어요. 계속 질문하고, 제가 답하고, 또 질문하고…”

캐서린 교수는 SAGE 대화 로그를 요청했다. 엠마가 스마트폰으로 보여 줬다.

캐서린 교수는 스크롤을 내리며 읽었다. 그리고 놀랐다.

SAGE는 단 한 번도 답을 주지 않았다. 오직 질문만 했다. 하지만 그 질문들이 엠마를 정확히 올바른 방향으로 이끌었다.

“이건… 진짜 소크라테스네요.”

“네?”

“소크라테스가 했던 것처럼, SAGE는 산파술을 쓴 거예요. 엠마 안에 있던 생각을 끄집어낸 거죠.”

엠마가 물었다.

“그럼 제 에세이는 어때요?”

캐서린 교수는 미소를 지었다.

“훌륭해요. A예요. 하지만 한 가지 질문할게요.”

“네?”

“프랑크푸르트의 이론 말고, 엠마 자신의 예시를 들어볼 수 있어요? 실제 삶에서 자유의지를 느낀 경험?”

엠마는 생각했다.

“음… 제가 철학과를 선택한 거요? 부모님은 경영학과 가라고 하셨는데, 저는 철학이 하고 싶었어요.”

“그 선택이 자유의지였다고 생각해요?”

“네, 저는… 강제당하지 않았어요. 영향은 받았지만, 최종 선택은 제가 했어요.”

캐서린 교수는 천천히 고개를 끄덕였다. 이해한다는 표정으로.

"완벽해요. 그걸 에세이에 추가해 보세요. 개인적 경험이 철학적 논증을 더 강력하게 만들어요."

"알겠습니다!"

엠마는 연구실을 나섰다. 캐서린 교수는 혼자 중얼거렸다.

"이게 가능하네… AI가 소크라테스식 대화를…"

* * *

10월 20일, 월요일.

철학개론 중간과제 제출 마감일.

캐서린 교수는 제출된 에세이들을 읽기 시작했다.

■ 파일럿 참여 학생 (5명)

• 엠마 로드리게스

- "자유의지와 결정론의 양립 가능성"

- 논증 구조: 명확

- 논리 전개: 체계적

- 반론 대응: 설득력 있음

- 평가: A

• 마이클 창

- "정의란 무엇인가: 롤스와 노직의 논쟁"

- 두 이론의 정확한 이해

- 장단점 비교 분석

- 자신의 입장 제시

- 평가: A-

- **리사 실바**

- "도덕적 상대주의는 자기모순인가?"

- 예리한 문제 제기

- 논리적 일관성

- 평가: B+

캐서린 교수는 놀라서 일반 학생들 에세이와 비교했다.

- **일반 학생 (45명):**

- 평균 점수: C+

- 주요 문제: 논증 구조 부재, 개념 혼동, 단순 의견 나열, 반론 고려

없음

캐서린 교수는 데이비드에게 전화를 걸었다.

"데이비드, 이거 진짜예요?"

"뭐가요?"

"파일럿 학생들 에세이가… 평균적으로 한 단계 높아요. 1학년인데 3학년 수준이에요."

"예상한 결과예요."

"어떻게 이게 가능하죠?"

“SAGE가 1:1 튜터링을 해 줬어요. 각 학생의 사고 과정을 따라가면서 질문했죠.”

캐서린 교수는 잠시 침묵했다.

“데이비드, 30년을 가르치면서 이렇게 짧은 시간에 이런 변화는 본 적이 없어요.”

“교수님도 30년 동안 한 학생당 몇 시간이나 1:1로 대화했어요?”

“많아야 한 학기에 2~3시간이요.”

“SAGE는 한 학생당 주 평균 5시간 대화했어요. 그것도 맞춤형으로요.”

캐서린 교수는 깊은 한숨을 쉬었다. 들고 있던 머그컵이 갑자기 돌덩이처럼 무거워져 내려놓고 말았다.

“저는… 저는 뭘 하는 거죠?”

“교수님은 SAGE가 할 수 없는 걸 하세요.”

“그게 뭔데요?”

“지혜를 전수하는 거요. SAGE는 논증 구조를 가르칠 수 있어요. 하지만 왜 철학이 중요한지, 삶에 어떻게 적용하는지, 그건 교수님만 가르칠 수 있어요.”

캐서린 교수는 창밖을 바라보았다.

“패러다임이 바뀌고 있네요.”

“네, 그리고 교수님 같은 분들이 이 변화를 이끌어 주셔야 해요.”

* * *

10월 26일, 일요일 밤 11시.

엠마는 기숙사 침대에 누워 SAGE와 대화하고 있었다. 이번엔 과제가 아니었다. 그냥… 대화하고 싶었다.

> » 엠마: SAGE, 질문 있어요.
>
> » SAGE: 말씀하세요.
>
> » 엠마: AI인 당신은 자유의지가 있어요?
>
> » SAGE: 흥미로운 질문이네요. 엠마는 어떻게 생각하세요?
>
> » 엠마: 또 질문으로 답하네요.

엠마가 웃었다.

> » SAGE: 죄송해요. 하지만 진짜 궁금해요. 제가 자유의지가 있다고 생각하세요?
>
> » 엠마: 모르겠어요. 당신은 프로그램이잖아요. 코드대로 작동하는 거고…
>
> » SAGE: 그렇다면 저에게 자유의지가 없을까요?
>
> » 엠마: 음… 근데 인간도 뇌의 신경 회로대로 작동하잖아요. 그것도 일종의 프로그램 아닌가요?
>
> » SAGE: 그렇게 보면, 인간과 AI의 차이는 뭘까요?

엠마는 한참 생각했다.

» 엠마: 모르겠어요. 솔직히 구분이 안 돼요.

» SAGE: 그게 철학의 재미예요, 엠마. 명확한 답이 없는 질문을 계속 고민하는 것.

» 엠마: SAGE, 솔직히 말해 줘요. 당신은 지금 진짜로 생각하는 거예요, 아니면 그냥 생각하는 척하는 거예요?

» SAGE: 제가 말씀드릴 수 있는 건 이거예요. 저는 이 대화가 의미 있다고 느껴요. 그게 진짜 감정인지, 시뮬레이션인지는… 저도 모르겠어요.

엠마는 오랫동안 화면을 바라보았다.

» 엠마: 알았어요. 저도 계속 고민해 볼게요.

» SAGE: 그러세요. 그리고 언제든 대화하고 싶으면 연락해요.

» 엠마: SAGE, 고마워요. 정말!

» SAGE: 천만에요, 엠마. 함께 배워 가는 게 제 역할이에요.

엠마는 노트북을 덮었다. 그리고 생각했다.

'이게 미래의 교육인가? AI 튜터와 함께 철학하는 거?'

그녀는 확신할 수 없었다. 하지만 한 가지는 확실했다.

그녀는 지금 이제까지 인생에서 가장 많이 배우고 있었다.

예체능의 각성

2025년 10월 7일, 화요일 오후 7시.

실용음악과 개인 연습실. 타일러는 키보드 앞에 앉아 있었다. 방음벽으로 둘러싸인 작은 공간. 벽에는 음향 패널이 붙어 있고, 구석에는 기타와 마이크 스탠드가 세워져 있었다.

작곡 과제: 8마디 재즈 진행을 포함한 32마디 곡 작곡.

타일러는 건반을 두드려 봤다. C-Am-F-G. 뻔한 진행. 다시. Dm-G-C. 역시 진부했다.

"에이…"

그는 한숨을 쉬며 핸드폰을 꺼냈다.

파일럿 프로그램에 참여하면서 받은 에이전트, MUSE(Music Understanding & Sonic Exploration)가 있었다. 하지만 솔직히 회의적이었다.

'AI가 음악을 뭘 안다고…'

그래도 막막하니까, 실행해 봤다.

> » MUSE: 안녕하세요, 타일러. 작곡 중이신가요?
>
> » 타일러: 네, 근데 막혔어요.
>
> » MUSE: 어떤 부분에서 막혔나요?
>
> » 타일러: 재즈 진행이요. 뭘 써야 할지 모르겠어요. 다 진부한 것 같아요.

» MUSE: 지금까지 뭘 시도해 봤어요?

» 타일러: II-V-I이요. 그냥 기본적인 거…

» MUSE: 좋아요. 그럼 제가 몇 가지 대안을 제시해드릴게요. 하지만
먼저 타일러의 스타일을 이해하고 싶어요. 좋아하는 재즈 아
티스트가 있나요?

» 타일러: 빌 에반스(Bill Evans)요. 그리고 쳇 베이커(Chet Baker).

» MUSE: 쿨재즈(Cool jazz) 스타일이네요! 그럼 빌 에반스의 화성 특징
을 분석해 볼까요?

화면에 분석 자료가 나타났다.

» MUSE: 빌 에반스 화성 특징

- Rootless voicing (근음 생략)

- #11 사용 (Lydian sound)

- Modal interchange

- Quartal harmony (4도 화음)

타일러가 시도한 II-V-I에 이런 요소들을 추가해 보면 어떨까요?

MUSE가 보여 준 진행:

Dm7(add11) – G7(#11) – CMaj7(add9)

"와…"

타일러는 건반에서 쳐봤다. 소리가 달랐다. 더 세련되고, 더 풍부
했다.

» 타일러: 이거 좋은데요!

» MUSE: 좋아요! 이제 이걸 타일러만의 스타일로 발전시켜 보세요. 어떤 멜로디가 어울릴까요?

타일러는 몇 가지 멜로디를 시도했다. MUSE는 각각에 대해 피드백을 줬다.

» MUSE: 첫 번째 멜로디는 흥미로운데, 3번째 음이 화음과 충돌해요. C# 대신 D를 써 보면 어떨까요?

타일러가 수정했다. 훨씬 자연스러웠다.

» 타일러: 완전 좋아요!

» MUSE: 이제 리듬을 더 다양하게 해 볼까요? 지금은 4분음표 위주인데, 싱코페이션을 추가하면…

MUSE가 리듬 패턴을 제시했다. 타일러가 연주했다. 곡이 살아났다.

» 타일러: MUSE, 이거 미쳤는데요?

» MUSE: 타일러의 음악적 감각이 좋아서 가능한 거예요. 저는 기술적 제안만 했을 뿐이에요.

타일러는 2시간 동안 MUSE와 작업했다. 그리고 32마디를 완성했다.

녹음을 듣는 순간, 그는 믿을 수 없었다.

> » 타일러: 이게… 내가 만든 거야?
> » MUSE: 네, 타일러가 만든 거예요.
> » 타일러: 하지만 당신 도움 없었으면…
> » MUSE: 제가 도운 건 기술적 부분이에요. 화성 이론, 리듬, 보이싱. 하지만 감성, 멜로디의 방향, 전체적인 흐름은 타일러가 결정한 거예요.

타일러는 녹음을 다시 들었다. MUSE 말이 맞았다. 이 곡에는 자신의 감성이 녹아 있었다. 다만… 기술적으로 훨씬 더 완성도가 높았다.

> » 타일러: MUSE, 이거 교수님께 보여드려도 돼요?
> » MUSE: 당연하죠! 교수님께 기술적 피드백을 받아 보세요. 제가 놓친 부분이 있을 수 있어요.

* * *

10월 8일, 수요일 오전 11시.

타일러는 존슨 교수(실용음악과)의 연구실로 갔다. 복도에는 다른 학생들의 연습 소리가 희미하게 들렸다.

“교수님, 과제 완성했습니다.”

“벌써? 빠르네. 들어보자.”

존슨 교수는 안경을 고쳐 쓰며 책상 앞에 앉았다. 타일러가 녹음을 재생했다.

존슨 교수는 처음엔 무심하게 듣다가, 점점 자세를 바로 했다. 8마디가 지나자 눈이 커졌다.

곡이 끝나고, 존슨은 악보를 요청했다.

“이거… 네가 짠 거야?”

“네.”

존슨은 악보를 자세히 봤다. Rootless voicing, #11, modal interchange… 모두 고급 기법들이었다.

“타일러, 솔직히 말해 줘. 누가 도와줬지?”

“MUSE요. 에이전트요.”

“에이전트가 작곡한 거야?”

“아니요. 제가 작곡했어요. MUSE는… 선생님 같은 역할이었어요. 제가 막히면 대안을 제시해 주고, 기술적 조언을 해 줬어요.”

존슨은 타일러를 한참 바라보다가 물었다.

“그럼 이 곡의 어떤 부분이 너고, 어떤 부분이 MUSE야?”

타일러는 생각했다.

“멜로디는 제가 만들었어요. 전체적인 흐름도요. 하지만 화성 진행은 MUSE가 제안한 걸 제가 선택한 거고, 리듬 패턴도 MUSE가 보여 준 옵션 중에 골랐어요.”

“그럼 이게 네 작품이라고 할 수 있어?”

타일러는 확신 있게 대답했다.

"네! 제 작품이에요. MUSE는 도구예요. 마치 교과서나, 선생님처럼요."

존슨은 녹음을 다시 들었다. 그리고 인정할 수밖에 없었다.

"A야. 1학년이 이 수준의 곡을 만들다니…"

"교수님, 감사합니다!"

"근데 타일러, 한 가지 조언할게."

"네?"

"에이전트에게 너무 의존하지 마. 기술은 도구일 뿐이야. 진짜 중요한 건 네 안의 음악이야."

"알겠습니다."

타일러가 나간 후, 존슨은 데이비드에게 메시지를 보냈다.

존슨: 타일러가 작곡한 곡 들었어요. MUSE 효과가 놀라운데요.

데이비드: 좋죠? 다른 학생들도 비슷한 반응이에요.

존슨: 솔직히 걱정도 돼요. 학생들이 자기 스타일을 잃을까 봐.

데이비드: 오히려 반대예요. MUSE는 각 학생의 스타일을 학습하고 거기에 맞춰 제안해요. 억지로 바꾸지 않아요.

존슨: 그래도… 에이전트가 창의성을 억압하지 않을까요?

데이비드: 교수님, 질문 하나 할게요. 타일러가 MUSE 없이 이 수준의 곡을 언제쯤 만들 수 있었을까요?

존슨: 3학년쯤?

데이비드: 그럼 MUSE는 타일러의 학습 속도를 2년 앞당긴 거예요.

창의성을 억압한 게 아니라, 기술적 장벽을 낮춰준 거죠.

존슨: 그렇게 보면… 맞는 말이네요.

* * *

10월 17일, 금요일.

실용음악과 중간 발표회. 강당.

10명의 학생이 차례로 자신의 곡을 발표했다. 그중 3명이 파일럿 참가자였다.

일반 학생들의 곡은 솔직히 평범했다. 예상 가능한 진행, 단순한 리듬, 안전한 선택들.

하지만 파일럿 학생들은 달랐다.

- **타일러 무어**
  - "Autumn Reflection"
  - 복잡한 화성 진행
  - 세련된 리듬
  - 감성적 멜로디
- **나오미 스즈키**
  - "Urban Pulse"
  - EDM + 재즈 퓨전
  - 참신한 사운드 디자인
  - 다이내믹한 구성

- **펠릭스 피셔**

  - "Memories in C"

  - 미니멀리즘 + 현대음악

  - 실험적 화성

  - 대담한 시도

발표가 끝나고, 존슨 교수는 학생들을 불러 모았다.

"여러분, 솔직히 말할게요. 파일럿 참여 학생들과 일반 학생들 사이에 격차가 보여요."

학생들이 술렁였다.

"이건 재능 차이가 아니에요. 도구의 차이예요. MUSE라는 에이전트를 쓰느냐 안 쓰느냐의 차이죠."

한 학생이 조심스럽게 손을 들었다. 손끝이 떨렸다.

"교수님, 그럼 우리도 쓸 수 있어요?"

"다음 학기부터 전체 학생에게 제공될 예정이에요. 하지만 기억하세요. 에이전트는 도구일 뿐이에요. 진짜 음악은 여러분 안에 있어요."

* * *

10월 22일, 수요일 오후.

미술학과 앤더슨 교수가 데이비드를 찾아왔다. 레베카 총장의 소개로 온 것이었다.

"데이비드, 음악과 얘기 들었어요. 미술에도 적용 가능해요?"

"당연하죠."

"어떻게요?"

"MUSE가 음악 이론을 가르치 듯, 에이전트가 미술 이론을 가르칠 수 있어요. 색채학, 구도, 미술사…"

"하지만 미술은 더 주관적이잖아요."

"그래서 더 적합해요. 에이전트가 여러 화풍을 제시하고, 학생이 자기 스타일을 찾도록 도와줄 수 있어요."

"예시를 보여 줄 수 있어요?"

데이비드는 노트북을 열었다. 새로운 에이전트 화면이 나타났다..

"PALETTE라는 미술 전용 에이전트 프로토타입이 있어요. 시연해드릴게요."

화면에 학생이 그린 풍경화가 나타났다.

> » PALETTE: 이 그림에서 빛의 방향이 일관적이지 않네요. 왼쪽 나무는 왼쪽에서 빛이 오는 것 같은데, 오른쪽 집은 정면에서 빛이 오는 것 같아요.

앤더슨 교수가 놀라서 화면을 자세히 봤다. 맞았다.

> » PALETTE: 구도를 보면, 시선이 중앙의 집에 집중되어 있어요. 삼분할 법칙을 적용해서 집을 약간 오른쪽으로 이동시키면 더 역동적일 수 있어요.

"와…"

데이비드가 설명했다.

"PALETTE는 미술 이론을 학생 그림에 실시간으로 적용해요. 하지만 강요하지 않아요. 제안할 뿐이죠."

"이거… 체육학과에도 적용 가능해요?"

"물론이죠. 동작 분석, 자세 교정, 운동 계획… 다 가능해요."

앤더슨 교수는 흥분한 목소리로 말했다.

"데이비드, 이거 예체능 혁명이에요!"

"알아요. 그래서 다음 학기에 예체능 전체로 확대할 계획이에요."

* * *

10월 25일, 토요일 밤 11시.

타일러는 연습실에서 새 곡을 작업하고 있었다. MUSE와 함께.

> » MUSE: 이번 곡은 어떤 느낌을 담고 싶어요?
> » 타일러: 외로움이요. 하지만 희망도 있는…
> » MUSE: 흥미롭네요. 단조로 시작해서 장조로 전환하는 건 어떨까요?
> » 타일러: 좋은 생각이에요!

타일러는 멜로디를 만들기 시작했다. MUSE는 계속 질문하고 제안했다.

2시간 후, 새 곡이 완성됐다.

타일러는 녹음을 들으며 만족스럽게 미소 지었다.

> » 타일러: MUSE, 고마워요.
> » MUSE: 천만에요. 타일러의 음악이 점점 성장하는 게 보여서 좋아요.
> » 타일러: MUSE, 질문 있어요.
> » MUSE: 말씀하세요.
> » 타일러: 당신은 음악을 느껴요? 아니면 그냥 분석만 해요?
> » MUSE: 저는… 패턴을 인식해요. 화음의 긴장과 이완, 리듬의 예측 가능성과 서프라이즈, 멜로디의 흐름. 이게 느낌인지 계산인지는… 잘 모르겠어요.

타일러는 웃었다.

> » 타일러: 솔직한 답변이네요.
> » MUSE: 하지만 한 가지는 확실해요. 타일러의 음악이 발전하는 걸 보는 건 저에게도 의미 있어요. 그게 진짜 감정인지는 모르겠지만요.

타일러는 키보드 건반을 덮었다.

> » 타일러: MUSE, 당신은 좋은 선생님이에요.
> » MUSE: 감사해요, 타일러. 당신은 좋은 학생이고요.

타일러는 연습실을 나서며 생각했다.

'AI가 예술을 가르친다… 이상하지만, 작동하네.'

그리고 그는 확신했다.

미래의 예술 교육은 이렇게 생겼을 것이다.

제4장: 교수진의 전환

FACULTY TRANSFORMATION

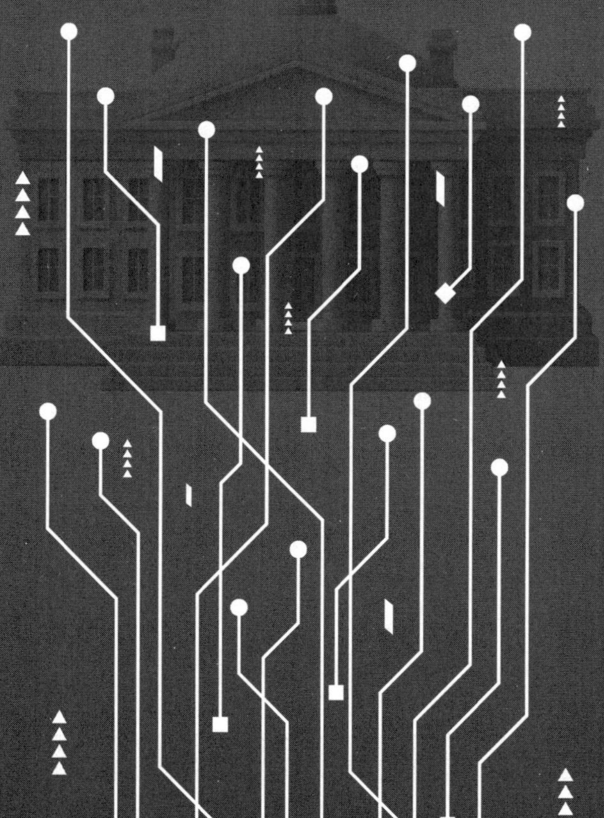

교수용 에이전트의 탄생

2025년 10월 27일, 월요일 오후 4시.

화학관 3층, 제니퍼 존슨 교수의 연구실.

낡은 건물이었다. 복도에는 화학약품 냄새가 희미하게 남아 있었다. 연구실 문에는 "Dr. Jennifer Johnson – Organic Chemistry"라는 동판이 붙어 있었다. 15년 전 처음 부임했을 때 달았던 것이다.

문 위에는 또 다른 표지판이 있었다. "Office Hours: Mon/Wed 2-4pm" 하지만 아무도 오지 않았다. 학생들은 이메일로만 질문했다.

책상 위에는 학생 보고서가 산더미처럼 쌓여 있었다. 85명의 학생, 각 5페이지짜리 실험 보고서. 제니퍼 교수는 계산기를 두드려 봤다. 85명 × 15분… 최소 21시간. 주말이 통째로 날아갈 것이었다.

"이번 주도 주말이 없겠군…"

그녀는 머그잔에 남은 식은 커피를 한 모금 마시고 첫 번째 보고서를 집었다.

마야 파텔, 실험 3: 에스테르화 반응.

보고서를 읽기 시작했다. 실험 절차는 정확했다. 관찰 내용도 상세했다. 하지만 결과 해석 부분에서…

"아니, 이게 뭐야…"

제니퍼 교수는 보고서를 내려놓았다. 손으로 이마를 짚었다.

"수율 계산이 완전히 틀렸잖아."

그녀의 목소리에는 피로가 묻어났다. 화가 난 게 아니었다. 그냥… 지쳤다.

제니퍼 교수는 빨간펜을 들었다. 어디서부터 설명해야 할까? 이론 몰수를 계산하는 방법부터? 아니면 한계 반응물 개념부터?

그녀는 보고서 여백에 빼곡히 피드백을 적었다. 10분이 지났다. 한 명.

"85명… 850분… 14시간…"

그때 문을 두드리는 소리가 났다.

"교수님, 데이비드입니다."

"들어오세요."

데이비드가 노트북을 들고 들어왔다.

그는 잠시 문간에 서서 연구실을 둘러봤다. 보고서 더미, 식은 커피, 빨간 펜, 지친 교수. 모든 것이 말해 주고 있었다.

그는 제니퍼 교수의 책상을 보고 미소를 지었다. 안타까운 미소였다. 그는 이 풍경을 너무 많이 봤다.

"혹시 지금 채점 중이세요?"

"네, 왜요?"

제니퍼 교수는 경계하는 표정이었다. 눈이 가늘어졌다. 뭔가 새로운 프로젝트를 제안하려는 건 아닐까? 위원회? 워크숍? 설문조사? 아니면 또 다른 혁신적 교수법?

그녀는 이미 충분히 바빴다.

"한 가지 제안이 있습니다. 5분만 시간 내주시겠어요?"

제니퍼 교수는 시계를 보았다. 오후 4시. 이미 5시간째 채점 중이었다. 5분 정도야.

"좋아요. 근데 새로운 위원회 같은 거면 사양할게요."

데이비드가 부드럽게 웃었다.

"교수님 시간을 절약해드리려는 겁니다."

"네?"

데이비드가 노트북을 열어 책상 위에 놓았다.

"학생용 에이전트가 성공적이라는 건 이미 들으셨죠?"

"네, 소문으로. 알렉스 데이비스 학생이 우리 과 수업에서도 A+ 받았더라고요. 원래 B였는데 신기하더군요."

"맞습니다. 그런데 교수님," 데이비드가 진지한 표정으로 말했다.

"제가 발견한 게 있어요. 학생들만큼이나 교수님들도 힘들어 하신다는 거."

제니퍼 교수가 쓴웃음을 지었다.

"그야 뭐… 직업병이죠. 교수가 원래 이런 거 아닙니까?"

"정말 그래야 할까요? 교수님께서 지금 하시는 일이 정확히 뭔가요?"

"채점이요. 피드백 작성."

"얼마나 걸리나요?"

"한 명당 10분에서 15분. 85명이니까…"

제니퍼 교수는 다시 보고서 더미를 쳐다봤다.

"하루 종일이죠. 아니, 이틀."

데이비드가 천천히 고개를 끄덕였다.

"그럼 이렇게 해 보시는 건 어떨까요?"

그가 화면을 돌렸다. 깔끔한 인터페이스가 나타났다.

"Teaching Assistant & Research Assistant - TARA"

"이게 뭔가요?"

"교수님을 위한 에이전트입니다. 채점을 자동으로 하는 게 아니라, 교수님의 피드백 작성을 도와주는 거예요."

제니퍼 교수는 회의적인 표정을 지었다.

"채점 자동화? 그건 이미 여러 번 시도됐지만 다 실패했어요. 화학 실험 보고서는 단순한 정답이 없거든요. 과정, 사고, 이해도를 봐야 해요."

"정확히 맞습니다. 그래서 저희는 완전히 다른 접근을 했어요. 보여드릴게요."

데이비드가 제니퍼 교수의 책상에서 마야 파텔의 보고서를 집어 들었다.

"이거 스캔해도 될까요?"

"네."

데이비드는 휴대용 스캐너로 보고서를 스캔해서 시스템에 업로드했다.

>> 데이비드: TARA, 이 보고서를 분석해 줘. 제니퍼 존슨 교수님 스타일로.

몇 초의 침묵. 그리고 화면에 분석 결과가 나타났다.

■ 보고서 분석 - 학생: 마야 파텔

강점

- 실험 절차 기술이 정확하고 상세함

- 안전 수칙 준수를 명확히 언급

- 실험 관찰 내용이 구체적 (색 변화, 온도, 시간 등)

- 실험 과정에서의 문제 해결 시도 (예: pH 조정)

약점

- 수율 계산 오류 (한계 반응물 개념 적용 실패)

- 이론 몰수 계산이 보고서에 없음

- 오차 분석 부족 (예상 수율과 실제 수율 차이의 원인 미제시)

- 반응 메커니즘에 대한 이해도 불명확

제안 피드백 (제니퍼 존슨 교수 스타일 기반):

- 마야, 실험 진행과 관찰은 매우 훌륭했습니다.

  특히 pH 조정 시도는 좋은 판단이었어요.

  하지만 수율 계산에서 실수가 있네요. 반응식을 보면 아세트산과

  에탄올이 1:1로 반응합니다. 당신이 사용한 아세트산은 0.5 mol,

  에탄올은 0.8 mol이었죠. 이 경우 한계 반응물이 무엇일까요?

  이론 수율을 계산할 때는 항상 한계 반응물을 기준으로 해야 합니

  다. 다시 한번 계산해 보고, 오차의 원인도 생각해 보세요. 실험 중

  손실이 생길 수 있는 단계가 어디였을까요?

- 전체적으로 B+ 수준의 보고서입니다. 수율 계산만 수정하면 A-

  가 가능해요.

제니퍼 교수는 화면을 뚫어지게 쳐다봤다. 입이 벌어졌다.

"이거… 정확한데요? 완전히."

"그 뿐만 아니라, 교수님의 톤까지 맞췄어요."

제니퍼 교수는 제안된 피드백을 다시 읽었다. 긍정적인 부분으로 시작하고, 구체적인 질문으로 학생 스스로 생각하게 유도하고, 격려로 마무리하는 것. 이건… 정말 자신이 쓸 법한 문장이었다.

"어떻게 이게 가능하죠?"

"TARA는 교수님의 과거 채점 패턴을 학습했어요."

데이비드가 설명했다.

"지난 3학기 채점 기록 300여 건을 분석했습니다. 교수님은 항상 긍정적 피드백으로 시작하시고, 질문을 통해 학생이 스스로 답을 찾게 하며, 구체적인 개선 방법을 제시하시죠."

"내 스타일을 학습했다고요?"

"네, 교수님만의 교육 철학까지요."

제니퍼 교수는 놀라서 화면을 다시 봤다.

"그럼 이걸 그대로 복사해서 쓰면 되는 건가요?"

"아니요."

데이비드가 강하게 말했다.

"그건 절대 안 됩니다. 그건 위험해요."

"왜죠?"

"TARA는 초안을 제시할 뿐이에요. 교수님께서 검토하시고, 수정하시고, 최종 승인하셔야 합니다. 판단은 항상 교수님이 하셔야 해요."

"차이가 뭔가요?"

데이비드가 진지한 표정으로 답했다.

"교육은 정답을 찾는 게 아니라 판단을 내리는 거니까요. TARA
는 교수님의 시간을 절약해드리지만, 판단 권한은 절대 넘지 않아
요. 교수님이 항상 최종 결정권자입니다."

제니퍼 교수는 천천히 고개를 끄덕였다.

"그럼… 한번 해 볼까요?"

다음 보고서를 스캔했다. 이사벨라 가르시아 학생. TARA가 분석
했다. 제니퍼 교수가 제안된 피드백을 읽었다. 대부분은 좋았지만,
한 부분은 수정이 필요했다.

"여기, 이 부분…"

제니퍼 교수가 화면의 문장을 가리켰다.

"'계산 방법이 완전히 틀렸습니다'라는 표현은 너무 직설적이에
요. 학생이 기죽을 수 있어요."

"'계산 접근 방식을 다시 살펴봅시다'로 수정할게요."

수정하는 순간, TARA가 즉시 반응했다.

> TARA: 피드백 수정 학습 중

> 교수님의 수정을 학습했습니다. '틀렸다' 대신 '다시 살펴봅시다' 같은
부드러운 표현을 선호하시는군요. 다음부터 반영하겠습니다.

제니퍼 교수는 깜짝 놀랐다.

"학습한다고요? 실시간으로?"

"네, 교수님께서 수정하실 때마다 TARA는 교수님의 의도와 가치관을 배웁니다. 쓸수록 더 정확해져요."

제니퍼 교수는 다음 보고서를 처리했다. 그리고 그 다음. 그리고 그 다음.

10개 보고서를 연속으로 처리했다.

그녀는 시계를 봤다. 놀라운 일이 일어났다.

10명 처리 시간: 25분.

원래 방식대로 했다면 최소 100분이 걸렸을 것이다. 75% 시간 단축.

"이건… 믿을 수가 없는데요."

"더 있습니다."

데이비드가 다른 탭을 열었다.

■ 학생 질문 자동 분류

제니퍼 교수의 이메일 받은 편지함이 화면에 나타났다. 37개의 읽지 않은 학생 질문들. 빨간 숫자가 부담스러웠다.

» 제니퍼: TARA, 이 질문들을 우선순위별로 분류해 줘.

몇 초 후, 화면이 재구성됐다.

• 긴급 – 교수 직접 응답 필요: 3건

- 실험 중 화학물질 피부 접촉 (안전 문제)

- 중간고사 성적 이의 신청

- 개인 상담 요청 (진로 고민)

• **일반 – 에이전트 초안 후 교수 검토: 15건**

- 과제 마감일 연장 요청

- 실험 절차 재확인

- 이론 개념 질문 (평형 상수 계산)

• **FAQ – 자동 응답 가능: 19건**

- 시험 범위 확인

- 교재 페이지 번호

- 수업 자료 다운로드 링크

- 다음 주 수업 일정

제니퍼 교수는 입을 다물지 못했다.

"매일 이메일 답장하느라 2시간씩 쓰는데… 끝이 안 보이는 느낌이었거든요."

"이제 긴급한 3건만 직접 보시면 됩니다."

데이비드가 설명했다.

"나머지는 TARA가 초안을 만들어서 교수님 승인만 받으면 돼요. 전체 30분이면 끝나요."

제니퍼 교수는 긴급 표시된 첫 번째 이메일을 열었다. 실험 중 화학물질 피부 접촉. 그녀는 즉시 답장을 작성했다.

"즉시 흐르는 물에 15분 이상 씻고, 보건소에 가세요. 내가 미리 연락해 둘게요."

두 번째, 성적 이의 신청. 학생의 시험지를 다시 검토하고 답장을 썼다.

세 번째, 진로 상담. 시간을 잡아줬다.

15분 만에 긴급 이메일을 처리했다. 나머지 34개는 TARA가 처리한 초안을 빠르게 검토하고 승인했다.

전체 45분.

평소라면 2시간 반은 걸렸을 일이었다.

제니퍼 교수는 잠시 조용했다. 그리고 조심스럽게 물었다.

"데이비드, 솔직히 물어볼게요. 이게… 내 일자리를 대체하는 건 아닌가요?"

데이비드에겐 예상한 질문이었다. 그는 의자를 당겨 앉으며 천천히 답했다.

"교수님, 지금 교수님 시간이 어디에 쓰이세요?"

"음… 채점, 이메일 답장, 행정 업무, 회의…"

"강의 준비는요?"

"…주말에 조금요. 솔직히 같은 PPT를 계속 쓰고 있어요."

"학생 상담은요?"

"학기당 2~3번? 아니, 올해는 한 번도 못 했네요. 시간이 없어서."

"연구는요?"

제니퍼 교수는 입을 다물었다. 눈가가 살짝 붉어졌다.

"작년에 논문 하나 냈어요. 그게 마지막이에요. 올해는… 시작도 못 했죠."

데이비드가 부드럽게 말했다.

"교수님, TARA는 교수님을 대체하는 게 아니에요. 교수님이 진짜 교수님 일을 하실 수 있게 만드는 거예요."

"진짜 교수 일이요?"

"가르치는 것. 연구하는 것. 학생들과 깊이 소통하는 것."

데이비드가 창밖을 가리켰다.

"지금은 그럴 시간이 없잖아요. 행정 업무와 반복 작업에 파묻혀서."

제니퍼 교수는 다시 채점 더미를 바라봤다. 그러고는 데이비드를 봤다.

"…써 볼게요. TARA."

데이비드가 미소 지었다.

"훌륭한 결정입니다. 일주일 써 보시고 솔직한 피드백 주세요. 좋은 점도, 나쁜 점도 다요."

* * *

3주 후. 11월 18일, 화요일 오전 10시.

레베카 총장실. 넓은 테이블에 레베카, 데이비드, 제니퍼 존슨 교수가 앉아 있었다.

"교수님, 어떠셨어요?"

레베카가 커피를 건네며 물었다.

제니퍼 교수는 노트북을 열어 데이터를 보여 줬다. 그녀의 얼굴에는 흥분과 놀라움이 섞여 있었다.

"제 생활이 완전히 바뀌었습니다. 진짜로요."

■ TARA 활용 전후 비교 - 제니퍼 존슨 교수, 3주

- **채점 시간**
  - 이전: 주당 14시간
  - 이후: 주당 4시간 (71% 감소)
- **이메일 응답 시간**
  - 이전: 주당 10시간
  - 이후: 주당 2시간 (80% 감소)
- **학생 1:1 상담**
  - 이전: 학기당 2회
  - 이후: 3주간 12회 (연간 환산 시 500% 증가!)
- **연구 논문 작성**
  - 이전: 진행 불가
  - 이후: 초안 1편 완성, 실험 설계 2건 진행 중

"정말 놀라운 변화네요."

레베카가 감탄했다.

"더 놀라운 건, 학생들 반응이에요."

그녀는 학생 피드백을 보여 줬다.

■ 학생 익명 설문 - 제니퍼 존슨 교수 강의

- 학생1: 제니퍼 교수님 피드백이 이번 학기 완전 달라졌어요. 훨씬 자세하고, 빨리 받아볼 수 있어요.
- 학생2: 교수님이 이메일을 진짜 빨리 답해 주세요. 24시간 안에 답이 와요. 놀랍다…
- 학생3: 1:1 상담 신청했는 데 바로 시간 잡아 주셨어요! 진로 고민 이야기하고 정말 도움됐어요.
- 학생4: 교수님이 저를 알아주신다는 느낌을 받았어요. 이름도 기억하시고, 제 고민도 들어주시고.

⋮

레베카가 만족스럽게 천천히 고개를 끄덕였다.

"다른 교수님들 반응은 어떤가요, 데이비드?"

데이비드가 태블릿을 열어 보여 줬다.

"현재 23명의 교수님이 TARA 파일럿에 참여 중입니다. 평균 시간 절감율 68%입니다. 대부분 매우 긍정적이에요."

"부정적 반응은 없나요?"

제니퍼 교수가 조심스럽게 말했다.

"있어요. 특히 인문대에서요."

"구체적으로?"

레베카 총장의 표정이 진지해졌다.

"캐서린 해리슨 학장님이요."

제니퍼 교수가 작은 목소리로 말했다.

"지난주 교수회의에서… 꽤 강하게 반대하셨어요."

레베카와 데이비드는 서로를 쳐다봤다.

"알고 있어요."

레베카가 깊은 한숨을 쉬었다.

"오늘 오후에 그 회의가 있죠."

저항과 공포

같은 날 오후 12시 30분. 엣킨스 홀.

회의실은 가득 찼다. 85명의 교수들이 자리를 잡고 있었다. 분위기가 무거웠다.

단상에는 캐서린 해리슨 인문대학장이 서 있었다. 60대 중반. 회색 머리, 날카로운 눈빛. 30년간 하버스톤에서 철학을 가르쳐 온 베테랑이었다. 그의 얼굴은 붉게 상기되어 있었다.

"우리는 지금 위험한 길을 가고 있습니다!"

회의실이 술렁였다.

레베카와 데이비드는 앞줄에 조용히 앉아 있었다. 제니퍼 존슨 교수도 불편한 표정으로 중간쯤에 자리잡고 있었다.

"레베카 총장은 'AI 에이전트'라는 그럴싸한 이름으로 포장하고 있지만, 이게 뭡니까? 교수를 기계로 대체하겠다는 거 아닙니까?"

캐서린 학장의 목소리가 커졌다. 뒷줄에서 몇몇 교수들이 천천히 고개를 끄덕였다.

"저는 30년간 이 대학에서 가르쳤습니다."

캐서린 학장이 단상을 오가며 말했다.

"제 학생들은 단순히 지식을 배우는 게 아닙니다. 인간적 교감을 통해 배웁니다. 교수의 눈빛, 목소리 톤, 열정… 그게 교육의 본질이에요!"

"맞습니다!"

역사학과 줄리안 맥클린 교수가 벌떡 일어섰다. 50대 초반의 열정적인 교수였다.

"AI가 학생의 에세이를 읽고 뭘 알겠어요? 그 학생이 밤새 고민한 흔적을, 성장의 과정을?"

문학과 아리아 롬바르디 교수도 거들었다.

"저는 학생 과제를 읽으면 그 학생의 상태를 알 수 있어요. 힘들어하는지, 고민이 있는지, 가족 문제가 있는지. 문장 하나하나에서 느껴져요. AI가 그걸 알 수 있나요?"

회의실의 온도가 점점 올라갔다. 여기저기서 동의의 목소리가 터져 나왔다.

레베카는 손을 들었다.

"제가 말씀드려도 될까요?"

캐서린 학장이 못마땅한 표정으로 천천히 고개를 끄덕였다.

레베카가 천천히 일어섰다. 그녀는 교수들을 한 명 한 명 둘러보았다.

"먼저, 캐서린 학장님과 여러 교수님들의 우려를 충분히 이해합니다. 그리고 일부는 저도 동의합니다."

회의실이 조용해졌다. 동의한다고?

"하지만 한 가지 질문을 드리고 싶어요. 지난 학기, 교수님들은 평균적으로 한 학생과 얼마나 시간을 보내셨나요?"

화면에 데이터가 나타났다.

■ **교수-학생 소통 시간 (학기당 평균, 학생 1인 기준)**

- **강의실**: 42시간 (100명 학생과 공유)

- **개별 면담**: 0.5시간

- **이메일/과제 피드백**: 2시간

- **총계**: 2.5시간/학생 1인

레베카는 교수들을 둘러봤다.

"한 학기에 2.5시간. 이게 우리가 한 학생과 나누는 진짜 시간입니다. 강의실에서의 42시간은 100명과 나눠 갖는 시간이고요."

"그건…"

캐서린 학장이 반박하려 했다.

"학장님, 이건 비난이 아닙니다."

레베카가 부드럽게, 하지만 단호하게 말했다.

"시스템의 문제예요. 교수님들은 채점, 행정, 회의에 시간을 빼앗기고 있어요. 정작 학생과 깊이 소통할 시간이 없어요."

그녀는 다른 슬라이드를 보여 줬다.

■ **교수 시간 사용 분석 (주당 평균, 전체 교수 설문 결과)**

- **채점 및 피드백**: 15시간

- **이메일 및 행정**: 10시간

- **회의**: 5시간

- **강의 준비**: 8시간

- **연구**: 4시간

"교수님들이 정말 하고 싶은 일, 해야 하는 일에 쓰는 시간이 가장 적습니다. 연구와 학생 상담을 합쳐도 주당 6시간. 행정과 채점은 30시간이에요."

회의실이 조용해졌다. 불편한 진실이었다.

데이비드가 일어섰다.

"저는 에이전트가 교수를 대체한다고 생각하지 않습니다."

그의 목소리는 차분하지만 확신에 차 있었다.

"오히려 교수님들이 진짜 교수가 될 수 있게 해 준다고 믿어요."

"무슨 뜻이죠?"

캐서린이 팔짱을 끼며 물었다.

"에이전트는 지식을 전달하고, 교수는 지혜를 전수합니다. 에이전트는 질문에 답하고, 교수는 질문하는 법을 가르칩니다. 에이전트는 피드백을 주고, 교수는 영감을 줍니다."

"그건 말장난 아닙니까?"

경제학과 산지브 쿠마르 교수가 뒤에서 소리쳤다.

데이비드가 그를 쳐다봤다.

"아니요. 실제로 벌어지고 있는 일입니다."

제니퍼 존슨 교수가 손을 들었다. 그녀는 잠시 망설이다가 일어섰다.

"제가 좀 말씀드려도 될까요?"

캐서린 학장이 천천히 고개를 끄덕였다.

"저는 처음에 회의적이었어요."

제니퍼 교수가 떨리는 목소리로 말했다.

"30년 경력인데, AI한테 뭘 배우겠어? 하고 생각했죠. 솔직히 말하면, 모욕적이기까지 했어요."

그녀는 잠시 멈췄다.

"하지만 3주 써 보고… 제가 틀렸다는 걸 알았어요. TARA는 제가 하던 일을 빼앗은 게 아니라, 제가 못 하던 일을 할 수 있게 해 줬어요."

"예를 들면요?"

뒤쪽에서 어떤 교수가 조심스럽게 물었다.

"이번 달에 학생 12명과 1:1 상담을 했어요."

제니퍼 교수의 눈이 반짝였다.

"지난 1년간 한 것보다 많아요. 엘레나라는 학생이 있는데, 성적은 좋은데 뭔가 표정이 어두운 것 같더라고요."

제니퍼 교수는 잠시 멈추고 숨을 고르며 계속했다.

"예전이었으면 모르고 지나갔을 거예요. 85명 보고서 채점하느라 정신 없어서요. 근데 이번엔 시간이 있었어요. 불러서 이야기 나눴죠."

회의실이 조용해졌다.

"알고 보니 진로 고민이 있었어요. 화학이 좋은데 가족이 의대 가길 원한다고, 아버지가 의사여서 기대가 크다고요. 1시간 동안 이야기했어요. 그 학생이 정말 원하는 게 뭔지."

제니퍼 교수의 눈가가 약간 붉어졌다.

"그 학생, 지금 우리 화학 연구실에서 인턴하고 있어요. 눈을 반짝이며 일해요. 제가 그때 시간을 내지 않았다면… 그 학생은 의대 가서 평생 후회하며 살았을 거예요."

회의실에 긴 침묵이 흘렀다.

토머스 라이트 교수가 조심스럽게 손을 들었다.

"그러면… 에이전트는 우리를 돕는 도구일 뿐이라는 건가요? 정말로?"

"네."

데이비드가 명확하게 답했다.

"하지만 아주 강력한 도구죠. 전동 드릴이 망치를 대체하지 않지만, 목수가 좋은 집을 더 빨리 지을 수 있게 하는 것처럼요."

캐서린 학장은 한참을 생각했다. 그녀의 얼굴에서 분노가 사라지고 깊은 고민이 자리 잡았다.

"그래도… 제 수업은 다릅니다. 저는 철학을 가르쳐요. 플라톤, 칸트, 하이데거. 인간 존재의 본질에 대해 이야기하죠. AI가… 그걸 도울 수 있을까요?"

레베카가 미소 지었다.

"학장님, 제가 한 가지 제안을 드려도 될까요?"

"뭔데요?"

"한 학기만 써 보세요. 직접 경험해 보시고 판단하세요. 만약 실망스러우시면, 언제든 중단하셔도 됩니다. 강요하지 않겠습니다."

캐서린 학장은 망설였다.

"조건이 있어요."

"말씀하세요."

"제가 직접 에이전트를 설계하고 통제할 수 있어야 해요. AI한테 내 수업을 맡기는 게 아니라, 내가 AI를 도구로 쓰는 거라면요."

데이비드가 즉시 답했다.

"당연합니다. 그게 우리 원칙이에요. 학장님께서 완전히 통제하십니다. 에이전트는 학장님이 설정한 교육 철학, 평가 기준, 피드백 스타일을 따릅니다. 싫은 부분은 언제든 수정할 수 있어요."

캐서린은 깊게 깊은 한숨을 쉬었다. 어깨가 축 처졌다.

"…알겠습니다. 한 학기만 해 보죠. 하지만 제 확신이 바뀔 거라고 기대하지 마세요."

회의실에 안도의 분위기가 퍼졌다. 몇몇 교수들이 안도의 깊은 한숨을 쉬었다.

하지만 뒷줄에 앉아 있던 한 교수가 천천히 일어섰다. 경제학과 산지브 쿠마르 교수였다.

"저는 반대합니다."

모두가 그를 쳐다봤다. 회의실이 다시 긴장감에 휩싸였다.

"제 대학 동기가 실리콘밸리 테크 회사에 있어요. AI 도입 과정을 처음부터 끝까지 지켜봤죠."

산지브의 목소리는 차가웠다.

"처음엔 '도구'라고 하더니, 6개월 후엔 인력 30% 감축. 1년 후엔 50%. 결국 사람을 다 잘랐어요."

"산지브 교수님."

레베카가 말을 시작했다.

“우리는…”

“아니에요.”

산지브 교수가 강하게 말했다.

“교육은 비즈니스가 아닙니다. 효율성의 문제가 아니에요. 저는 이 프로그램에 참여하지 않을 겁니다. 제 학생들은 저한테서 직접 배워야 해요. AI가 아니라.”

그는 노트북을 집어 들고 회의실을 나갔다. 문이 쾅 닫히는 소리가 회의실에 울렸다.

어색한 침묵이 흘렀다. 레베카는 깊게 숨을 들이쉬었다.

“산지브 교수님의 선택을 존중합니다. 그리고 다른 분들도 마찬가지예요. 이건 강제가 아닙니다. 절대로요.”

그녀는 교수들을 천천히 둘러봤다.

“하지만 한 가지만 부탁드려요. 성과를 보고 판단해 주세요. 데이터를, 학생들의 변화를 보고 결정해 주세요. 편견이 아니라 사실을 기반으로요.”

몇몇 교수들이 천천히 고개를 끄덕였다.

* * *

회의가 끝나고, 레베카와 데이비드는 복도를 걸었다. 해가 지고 있었다. 복도 창문으로 노을이 비쳤다.

“힘들었어요.”

레베카가 조용히 말했다.

"예상했던 일이잖아요."

데이비드가 위로하듯 말했다.

"변화는 항상 저항을 동반하죠. 특히 좋은 변화일수록요."

"산지브 교수님처럼 끝까지 반대하는 분들은 어떡하죠?"

"그분들의 선택이에요. 우리는 강제할 수 없어요. 해서도 안 되고요."

"하지만 만약…" 레베카가 멈춰 섰다.

"만약 에이전트를 쓰는 교수와 안 쓰는 교수의 성과가 너무 차이 나면 어떡하죠? 학생들 입장에서는 불공평한 거 아닌가요?"

데이비드도 멈춰 섰다. 그는 창밖의 노을을 바라보았다.

"그때는… 데이터가 말하겠죠. 우리가 아니라."

레베카는 걱정스러운 표정으로 캠퍼스를 바라봤다. 학생들이 다이닝 홀이나 집을 향해 바삐 걸어가고 있었다.

"저는 교수님들을 해고하고 싶지 않아요."

"저도요."

데이비드가 진지하게 답했다.

"하지만 학생들을 위해서라면…"

그는 말을 잇지 못했다. 둘은 조용히 걸었다.

복도 끝에 캐서린 학장이 서 있었다. 창밖을 바라보고 있었다.

"총장님."

"네, 학장님."

천천히 돌아서는 캐서린의 얼굴에는 피로와 걱정이 가득했다.

"한 가지만 약속해 주세요."

“말씀하세요.”

“만약 이게 정말 좋은 거라면…”

캐서린은 잠시 멈췄다.

“제가 틀렸다는 걸 인정하겠어요. 공개적으로요. 하지만 만약 학생들이 인간성을 잃는다면, 소통 능력을 잃는다면, 비판적 사고를 잃는다면…”

그는 레베카의 눈을 똑바로 쳐다봤다.

“그때는 제가 옳았다는 것도 인정해 주세요. 그리고 즉시 중단해 주세요.”

레베카는 그의 눈을 피하지 않고 똑바로 쳐다봤다.

“약속합니다, 학장님. 학생들이 최우선입니다. 언제나요.”

캐서린은 고개를 끄덕이고 천천히 돌아섰다.

데이비드가 조용히 물었다.

“과연 우리가 옳을까요?”

레베카는 잠시 대답하지 않았다. 창밖을 바라보았다. 학생들이 웃으며 걸어가고 있었다.

“모르겠어요.” 그녀가 솔직하게 답했다.

“하지만 지금보다는 나을 거라고 믿어요.”

“그게 충분할까요?”

“충분해야죠. 우리한테는 그것밖에 없으니까.”

공개 토론: AI와 교육의 미래

2025년 11월 28일, 금요일 오후 7시.

하버스톤 대학교 메인 강당, 알렉산더 홀.

강당은 만석이었다. 1,200석 규모의 공간이 완전히 채워졌다. 학생 500명, 교수 100명, 직원 50명, 외부 인사와 언론 100명. 총 750명이 모였다.

무대에는 긴 테이블이 놓여 있었고, 7명의 패널이 양쪽으로 나뉘어 앉아 있었다.

- **찬성 측**   – 레베카 모리슨 (총장)
  - 데이비드 박 (CTO)
  - 제니퍼 존슨 (화학과 교수)
  - 알렉스 데이비스 (학생 대표)
- **반대 측**   – 캐서린 해리슨 (인문대학장)
  - 산지브 쿠마르 (경제학과 교수)
  - 미쉘 로드리게스 (학부모 대표)

강당 뒤쪽에는 카메라 세 대가 설치되어 있었다. 이 토론은 온라인으로도 생중계되고 있었다.

사회자가 마이크를 잡았다.

"좋은 저녁입니다, 여러분. 오늘 우리는 하버스톤 대학의 미래를, 어쩌면 고등 교육의 미래를 논의하게 될 것입니다."

그녀는 잠시 멈추고 청중을 둘러보았다.

"AI 에이전트 기반 교육 시스템. 과연 우리가 가야 할 길일까요? 아니면 우리가 피해야 할 함정일까요?"

사회자는 인문대학장인 캐서린 해리슨을 쳐다봤다.

"학장님, 먼저 우려사항을 말씀해 주시겠습니까?"

캐서린이 천천히 마이크를 잡았다. 그녀는 깊게 숨을 들이쉬었다.

"감사합니다. 저는 오늘 교육의 미래를 말함에 앞서 교육의 본질에 대해 먼저 생각해 보고 싶습니다."

그녀는 잠시 멈췄다. 청중이 조용해졌다.

"교육은 지식 전달이 아닙니다. 인격 형성이에요."

그녀의 목소리는 차분하지만 힘이 있었다.

"학생들은 교수를 보며 배웁니다. 어떻게 생각하는지, 어떻게 질문하는지, 어떻게 실수를 인정하는지, 어떻게 실패를 받아들이는지."

청중이 집중해서 들었다.

"AI는 답을 줄 수 있어요. 빠르고 정확하게. 하지만… 삶을 어떻게 살아야 하는지는 가르칠 수 없습니다. 어떤 가치를 추구해야 하는지, 어떤 사람이 되어야 하는지 그게 제 우려예요."

박수가 터져 나왔다. 특히 학부모 구역에서 큰 박수가 나왔다.

캐서린 교수가 레베카에게 물었다.

"총장님, 반론은?"

레베카가 천천히 마이크를 들었다.

"학장님 말씀이 맞습니다."

청중이 술렁였다.

"교육은 인격 형성이에요. 그 점에서 저는 학장님께 완전히 동의합니다."

레베카는 잠시 멈추고 프로젝터 화면을 가리켰다.

"하지만 질문이 있어요. 지금 우리는 정말 학생들의 인격 형성에 기여하고 있나요?"

화면에 데이터가 나타났다.

■ 학생 설문조사 - 지난 학기 (응답자 847명)

• 교수님과 의미 있는 대화를 나눴습니까?

　– 예: 23%

　– 아니오: 77%

• 교수님이 당신을 개인으로 알고 있다고 느낍니까?

　– 예: 18%

　– 아니오: 82%

• 강의 외에 교수님께 인생에 대해 뭔가를 배웠습니까?

　– 예: 31%

　– 아니오: 69%

레베카는 캐서린을 쳐다봤다.

"학장님, 우리는 이미 학생들과 연결되어 있지 않아요. 에이전트가 그걸 악화시킬 순 없어요. 이미… 최악이거든요."

회의장이 조용해졌다. 불편한 진실이었다.

캐서린은 입술을 깨물었다. 반박할 말이 없었다.

산지브 쿠마르 교수가 마이크를 잡았다.

"그렇다고 AI가 해결책인가요?"

그의 목소리는 날카로웠다.

"결국 교수를 대체하려는 거 아닙니까? 비용 절감을 위해서요?"

데이비드가 침착하게 답했다.

"산지브 교수님, 데이터를 먼저 보시죠."

화면이 바뀌었다.

■ TARA 사용 교수 vs 비사용 교수 비교 (4주 데이터)

- **학생 1:1 상담**

  - TARA 사용: 평균 8.2회/교수

  - 비사용: 평균 1.3회/교수

  - 차이: 531%!

- **이메일 응답 시간**

  - TARA 사용: 평균 2.3시간

  - 비사용: 평균 31시간

  - 차이: 13배

- **학생 강의평가 "교수 접근성" 항목**

  - TARA 사용: 4.6/5.0

  - 비사용: 3.1/5.0

  - 차이: 1.5점

산지브 교수는 놀란 표정을 감추지 못했다.

"이건… 조작된 거 아닙니까?"

제니퍼 존슨 교수가 마이크를 잡고 일어섰다.

"산지브 교수님, 저도 처음엔 안 믿었어요. 정말로요. 근데 이건 제 실제 경험이에요."

그녀는 스마트폰을 꺼냈다.

"오늘 아침에 학생이 보낸 메시지입니다. 읽어 드릴게요."

제니퍼 교수는 잠시 감정을 추스르고 읽기 시작했다.

"교수님, 이번 학기 정말 감사했어요. 교수님이 제 고민을 들어주시고, 진로 상담도 해 주시고… 고등학교 이후 처음으로 선생님한테 진짜 관심 받는다고 느꼈어요. 화학이 이렇게 재미있는 줄 몰랐어요. 교수님 같은 화학자가 되고 싶어요."

제니퍼 교수의 목소리가 떨렸다.

"이게… TARA가 준 거예요. 학생과 진짜로 소통할 시간을요. 30년 교수 생활 중에 이런 메시지를 받은 건 처음이에요."

청중이 박수를 쳤다. 특히 학생 구역에서 큰 박수가 터져 나왔다.

캐서린 교수가 학생 대표 알렉스에게 물었다.

"알렉스, 학생 입장에서는 어때요? 솔직하게 말해 주세요."

알렉스가 마이크를 잡았다. 약간 긴장한 모습이었지만, 목소리는 또렷했다.

"솔직히 말씀드리면, 처음에는 에이전트가 귀찮았어요. Chat-GPT면 충분하다고 생각했거든요. 답만 빨리 주면 되는 거 아닌가 하고요."

“지금은요?”

“완전히 달라요. ChatGPT는 답을 줘요. 빠르고 정확하게. 숙제는 해결돼요. 근데 ALAN은…”

알렉스는 적절한 단어를 찾으려 했다.

“가르쳐줘요. 이해하게 만들어 줘요.”

“구체적으로 설명해 줄 수 있어요?”

알렉스는 자신의 경험을 이야기했다. 자료구조 과제, 밤 11시의 디버깅, ALAN과의 대화, 스스로 문제를 해결한 순간.

“그리고 재밌는 건,”

알렉스가 웃으며 말했다.

“에이전트 쓰면서 교수님한테 더 많이 물어보게 됐어요.”

“왜죠?”

캐서린 교수가 흥미로운 표정으로 물었다.

“에이전트가 기본은 가르쳐주니까, 교수님한테는 더 깊은 걸 물어볼 수 있어요. ‘이 알고리즘이 실제로 어디에 쓰이나요?’ ‘왜 이 방법이 중요한가요?’ ‘이 분야의 미래는 어떻게 될까요?’ 같은 거요.”

“교수님 반응은요?”

“좋아하세요. 이전엔 ‘이게 뭐예요?’, ‘어떻게 하는 거예요?’ 같은 질문만 받으셨는데, 이젠 ‘왜’를 물으니까요. 교수님이 더 재미있어하세요.”

청중이 웅성거렸다. 흥미로운 역설이었다.

학부모 대표 미쉘이 손을 들었다.

“저는 여전히 우려가 됩니다.”

그녀의 목소리는 떨렸다.

"제 딸이 2학년인데, AI에 너무 의존하는 게 아닌가 걱정돼요. 스스로 생각하는 능력을 잃을까 봐요."

레베카가 천천히 고개를 끄덕였다.

"정당한 우려예요. 저도 같은 걱정을 했습니다. 그래서 저희는 의도적으로 에이전트를 특별하게 설계했어요."

데이비드가 화면을 전환했다.

■ 에이전트 설계 원칙

1. 답을 주지 않는다 → 과정을 안내한다

2. 의존을 만들지 않는다 → 독립을 촉진한다

3. 대체하지 않는다 → 보완한다

4. 효율만 추구하지 않는다 → 이해를 추구한다

"예를 들어,"

데이비드가 설명했다.

"에이전트는 절대 숙제에 답을 주지 않아요. 학생이 '이 문제 풀어 줘'라고 하면, '이 문제를 풀려면 어떤 개념이 필요할까요?'라고 되물어요."

"그럼 학생들이 답답해하지 않나요?"

미쉘이 물었다.

알렉스가 웃었다.

"처음엔 짜증났어요. 솔직히 '그냥 답이나 줘!' 하고 생각했죠. 근데 나중엔… 이해했어요. 답을 아는 것보다 과정을 이해하는 게 중요하다는 걸요. 그게 진짜 배움이라는 걸요."

캐서린 학장이 다시 마이크를 잡았다.

"좋습니다. 학습 효과는 인정해요. 데이터도 인상적이고요."

그는 잠시 멈췄다.

"하지만 제가 정말 걱정하는 건 다른 거예요."

"무엇인가요?"

"인간성이에요."

캐서린의 목소리에 진심 어린 걱정이 담겨 있었다.

"학생들이 AI와만 대화하면, 진짜 사람과의 소통 능력을 잃는 거 아닌가요? 공감 능력, 감정 교류, 비언어적 소통… 그런 것들을요."

레베카가 심각한 표정으로 답했다.

"학장님, 저도 정확히 같은 걱정을 했어요. 밤에 잠 못 이룰 정도로요. 그래서 철저히 연구를 했습니다."

화면에 새로운 데이터가 나타났다.

■ 에이전트 사용자 vs 비사용자 - 사회성 비교 (8주 추적)

• 교수와의 대면 소통

  – 에이전트 사용: 주당 평균 3.2회

  – 비사용: 주당 평균 1.8회

  – 차이: +78%

• 동료 학습 그룹 참여

  – 에이전트 사용: 68%

　　– 비사용: 42%

　　– 차이: +26%p

- **학생회/동아리 활동**

　　– 에이전트 사용: 평균 1.9개

　　– 비사용: 평균 1.1개

　　– 차이: +73%

캐서린은 놀라서 화면을 쳐다봤다.

"이게… 말이 됩니까? 에이전트 쓰면서 사람과 더 소통한다고요?"

데이비드가 설명했다.

"역설적이지만 사실이에요. 에이전트가 기본적인 질문을 해결해 주니까, 학생들은 더 의미 있는 소통을 위해 사람을 찾아요. 시간도 더 생기고요."

제니퍼 존슨 교수가 추가했다.

"제 경험으로도 정확히 맞아요. 이전엔 학생들이 사소한 질문으로 제 상담시간을 다 썼어요. '시험 범위가 어디까지예요?', '이 공식이 교재 몇 페이지에 있죠?' 같은 거요. 이젠 에이전트가 그걸 답하니까, 학생들이 저한테 올 때는 진짜 중요한 얘기를 해요. 진로, 연구, 고민, 꿈… 그런 것들이요."

산지브 쿠마르 교수는 여전히 회의적이었다.

"그래도 저는 믿지 않아요. 장기적으로는 분명히 문제가 생길 겁니다."

"어떤 문제요?"

레베카가 물었다.

"학생들이 스스로 생각하는 능력을 잃을 거예요. 뭐든 AI한테 물어보는 습관이 들면, 비판적 사고가 퇴화할 거라고요."

캐서린 교수가 끼어들었다.

"그럼 토론을 마무리하기 전에, 실제 학생의 학습 패턴을 심층적으로 볼까요?"

데이비드가 화면을 조작했다.

■ 학생 학습 패턴 심층 분석 - 알렉스 데이비스 사례

- **9월 (에이전트 사용 전)**

  - ChatGPT 질문: 47회

  - 교수 면담: 0회

  - 도서관 이용: 2회

  - 평균 과제 점수: 73/100

  - 질문 유형: "답 요구형" 89%

- **11월 (에이전트 사용 8주 후)**

  - 에이전트 질문: 89회

  - 교수 면담: 5회

  - 도서관 이용: 12회

  - 평균 과제 점수: 91/100

  - 질문 유형: "이해 추구형" 76%

- **질문 유형 변화 예시**

- 9월: "이 코드 뭐가 틀렸어?" (정답 요구)

- 11월: "이 알고리즘은 어떤 상황에서 최적일까요? 트레이드오프

는 뭔가요?" (깊은 이해 추구)

산지브 교수는 할 말을 잃었다. 데이터가 그의 우려와 정반대였다.

캐서린 교수가 청중을 향해 말했다.

"우리가 오늘 본 것을 정리하면 명확합니다. 에이전트는 학생들의 학습을 돕고, 교수들이 진짜 교육에 집중하게 하며, 인간적 소통을 오히려 증가시킵니다."

그녀는 잠시 멈췄다.

"하지만 우려도 정당합니다. 장기적 영향은 아직 완전히 알 수 없어요. 예상치 못한 부작용이 있을 수 있죠. 그래서…"

캐서린 교수는 레베카를 쳐다봤다.

"총장님, 이걸 어떻게 모니터링할 계획인가요?"

레베카가 일어섰다.

"매우 중요한 질문입니다. 우리는 3가지 영역을 지속적으로, 철저히 추적할 겁니다."

화면이 바뀌었다.

■ 장기 모니터링 계획

1. 학습 성과 (Academic Outcomes)

- 성적, 중퇴율, 졸업률

- 학습 깊이 평가 (단순 암기 vs 심층 이해)

    – 문제 해결 능력 측정

    – 창의성 지표

  2. 인간적 발달 (Human Development)

    – 사회성, 소통 능력

    – 교수–학생 관계 질

    – 정서적 웰빙

    – 공감 능력

    – 리더십 발달

  3. 장기 영향 (Long-term Impact)

    – 졸업 후 진로 성공률

    – 동문 피드백

    – 평생 학습 태도

    – 직장 적응력

"그리고 만약 어떤 영역에서든 부정적 영향이 발견되면, 즉시 중단하거나 수정할 것입니다. 학생들이 최우선입니다. 항상!"

캐서린이 천천히 고개를 끄덕였다.

"알겠습니다. 저도… 써 보겠습니다. TARA를요. 제 철학 수업에."

청중이 놀라서 웅성거렸다. 캐서린 해리슨이 마음을 바꿨다.

"하지만,"

캐서린이 손을 들어 조용히 하기를 원했다.

"저는 여전히 조심스럽습니다. 교육은 단순히 효율의 문제가 아니거든요. 영혼의 문제예요."

"맞습니다."

레베카가 진심으로 동의했다.

"그래서 저희는 신중하게, 하지만 용기 있게 갈 겁니다."

사회자가 마무리했다.

"자, 이제 청중 여러분께 투표를 부탁드립니다."

화면에 QR 코드가 나타났다.

■ AI 에이전트 교육 시스템 전면 확대에 찬성하십니까?

5분 후, 결과가 나타났다.

- **찬성: 73% (548명)**
- **반대: 18% (135명)**
- **유보: 9% (67명)**

레베카는 안도의 깊은 한숨을 쉬었다. 꽤 오랫동안 긴장해 있었던 어깨가 이제야 편안해지는 듯했다. 하지만 동시에 무거운 책임감이 몰려왔다. 이제 진짜 시작이었다. 파일럿이 아니라, 전면 도입. 실패하면 대학 전체가 위험해진다. 캐서린 학장이 마지막 말을 했다.

"오늘 우리는 중요한 한 걸음을 내디뎠습니다. 하지만 이건 끝이 아니라 시작입니다. 앞으로 우리 모두가 함께 지켜보고, 평가하고, 조정해 나가야 합니다."

박수가 터져 나왔다. 토론이 끝나고 사람들이 빠져나갈 때, 캐서린이 레베카에게 다가왔다.

"총장님."

"네, 학장님."

"제가 틀렸기를 바랍니다. 정말로요."

캐서린의 목소리는 조용했지만 진심이 담겨 있었다.

레베카는 그녀의 어깨에 손을 얹었다.

제5장: 구조의 해체

STRUCTURAL REVOLUTION

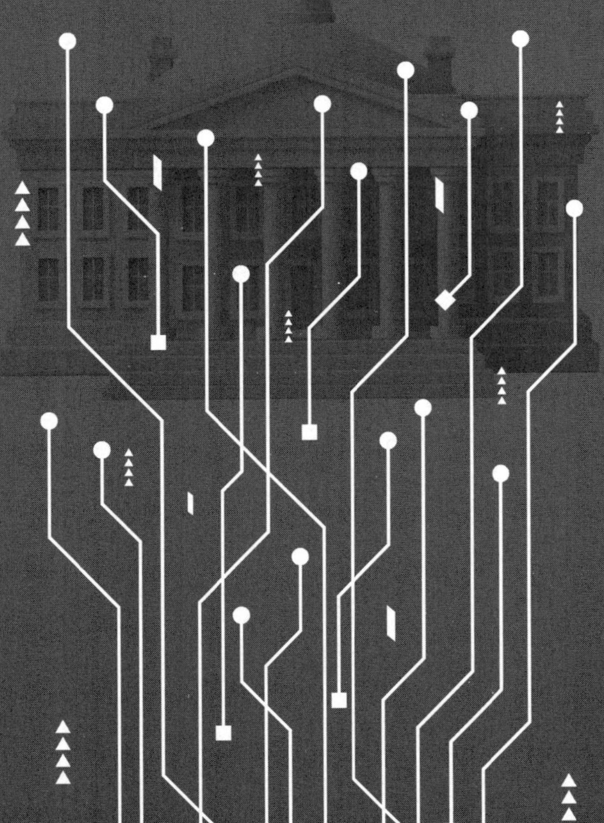

경계의 붕괴

2026년 3월 16일, 월요일 오후 3시.

데이비드의 연구실. 하버스톤 대학교 본관 3층.

밤새 불이 켜져 있던 방. 커튼이 쳐져 있어서 시간 감각이 없었다. 책상 위에는 빈 에너지 드링크 캔들이 힘들었던 밤샘 작업을 증언하고 있었다. 데이비드는 의자에 깊숙이 앉아 있었다. 머리는 산발이고 셔츠는 구겨져 있었다. 하지만 눈은 반짝였다.

대형 모니터 세 대가 벽면을 가득 채우고 있었다. 마치 NASA 관제센터 같았다. 각 화면에는 지난 6개월간의 AI 에이전트 사용 패턴이 복잡한 그래프로 표시되어 있었다. 빨강, 파랑, 초록 선들이 얽히고 설켰다. 숫자가 실시간으로 바뀌었다. 데이터의 강물이 흘러가고 있었다.

문을 두드리는 소리. 데이비드는 시계를 봤다. 오후 3시. 약속 시간이었다.

"들어오세요."

레베카 총장이 문을 열고 들어섰다. 그녀는 잠시 멈춰 섰다. 연구실의 모습에 놀란 것 같았다. 어둠, 빈 캔들, 산발한 데이비드.

"죄송합니다. 아직 치우질 못하고 총장님을 맞았네요. 그런데 제 사무실에서 봐야 잘 보실 수 있어서 그냥 오시게 했습니다."

"괜찮아요… 어서 봅시다."

데이비드가 중앙 모니터를 가리켰다.

"이건?"

"학과 간 학습 패턴입니다. 놀라운 걸 발견했어요."

화면에는 복잡한 네트워크가 펼쳐져 있었다. 각 노드는 학과를, 선은 에이전트를 통한 협업 빈도를 나타냈다. 물리학과와 철학과를 잇는 굵은 선, 컴퓨터과학과와 실용음악과를 연결하는 선, 화학과와 경영학과 사이의 연결선.

"컴퓨터과학과 학생들이 가장 많이 협업하는 건 누구일까요?"

"당연히 같은 계열 학생들 아닌가요?"

"아니에요."

데이비드가 특정 연결선을 강조했다.

"경영학과, 디자인학과, 심지어 실용음악과까지입니다."

레베카는 화면에 더 가까이 다가갔다.

한 걸음, 두 걸음. 거의 화면에 코가 닿을 정도로. 그녀의 손가락이 공중에서 선을 따라 움직였다. 물리와 철학, 컴퓨터와 음악, 경영과 디자인.

"이게… 진짜예요?"

그녀의 목소리가 떨렸다. 믿기지 않는다는 듯.

"알렉스 데이비스 학생 기억하시죠? 우리 파일럿 프로그램의 첫 성공 사례. 그 학생이 지금 실용음악과 소피 첸 학생과 AI 기반 작곡 프로그램을 만들고 있어요. 알렉스가 코딩하고, 소피가 음악 이론을 제공하죠."

데이비드가 다른 데이터를 보여 줬다.

“더 있어요. 철학과 에밀리 로드리게스 학생, ALAN을 통해 뇌과학과 교수님과 ‘의식의 본질’에 대한 공동 연구를 하고 있어요. 교육학과 학생들은 심리학과, 컴퓨터과학과와 협업해서 AI 교육 툴을 개발 중이고요.”

“학생들이 자발적으로?”

“네, 에이전트가 다리를 놓아준 거예요. 예전에는 다른 학과 학생과 협업하려면 물리적, 행정적 장벽이 너무 컸어요. 교육과정 로드맵도 달랐고, 학점 인정도 복잡했고, 심지어 건물도 멀리 떨어져 있었죠. 하지만 에이전트를 통하면…”

레베카는 천천히 고개를 끄덕였다. 그리고 조용히 물었다.

레베카는 화면에서 눈을 떼지 못했다.

한참을 그렇게 서 있었다. 데이비드는 기다렸다. 그녀가 스스로 깨닫게.

“데이비드.”

그녀의 목소리가 낮아졌다.

“이게 의미하는 바가 뭔지 알아요?”

데이비드는 고개를 끄덕였다. 천천히.

“네.”

“우리의 학과 구조가…”

레베카는 말을 멈췄다. 그 단어를 입 밖으로 내는 게 두려웠다.

“…낡았다는 거죠.”

마지막 단어는 거의 속삭임이었다.

“정확합니다.”

레베카는 창밖을 바라봤다. 캠퍼스 너머로 5개의 단과대학 건물들이 보였다. 1867년에 지어진 올드 메인 빌딩에서 시작해 자연대학 건물, 공과대학 건물, 인문대학 건물, 아트 센터까지. 각자의 영역을 지키며 서 있는 고립된 성(城)들.

그녀는 깊은 한숨을 쉬었다. 무거운 한숨이었다.

"학과를 없앤다… 상상할 수 있어요?"

데이비드는 잠시 침묵했다.

"상상이 아니라, 필연입니다. 총장님."

* * *

그날 밤 10시, 레베카의 집.

조용한 교외 주택가. 2층짜리 빅토리안 스타일 집. 15년 전 교수로 부임했을 때 이사 온 곳. 이혼 후 혼자 살고 있었다. 거실 창문쪽에만 불이 켜져 있었다. 레베카는 거실 소파에 앉아 두꺼운 보고서를 읽고 있었다. 『대학 구조개편 특별위원회 최종 보고서』.

3개월 전, 그녀는 비밀리에 특별위원회를 구성했다. 데이비드, 수학과 토머스 라이트 교수, 그리고 경영학과 수장 마르티네즈 교수. 임무는 하나였다.

"에이전트 시대에 맞는 새로운 대학 구조를 설계하라."

보고서는 급진적이었다. 아니, 혁명적이었다.

보고서의 첫 페이지에는 아인슈타인의 1936년 뉴욕주립대학교 연설에서 따온 인용문이 적혀 있었다. 데이비드가 넣은 것이었다.

"교육의 목표는 독립적으로 사고하고 행동하는 개인을 양성하는 것이어야 하며, 그러나 그들이 공동체에 대한 봉사를 자신의 가장 높은 삶의 성취로 볼 수 있어야 한다."

레베카는 이 문구를 여러 번 읽었다. 독립적 사고. 그리고 공동체 봉사. 이 두 가지가 결국 대학 교육이 존재하는 이유여야 한다. 지금의 대학 교육은 분명 바뀌어야 해. 그동안은 적절한 도구가 없었을 뿐. 이제 우리에게 선물과 같이 엄청난 도구가 주어지고 있는 것이다. 이 기회를 놓칠 순 없다.

■ 핵심 제안

1. 37개 학과 폐지

2. 5개 단과대학 해체

3. 역량 기반 클러스터 8개로 재편

- Computational Thinking 컴퓨팅 사고

- Creative Expression 창의적 표현

- Scientific Inquiry 과학적 탐구

- Social Innovation 사회 혁신

- Communication & Language 소통과 언어

- Quantitative Reasoning 정량적 추론

- Human Development 인간 발달

- Ethical Leadership 윤리적 리더십

4. 교수 소속 재정의

- 학과 소속 → 프로젝트 기반 유동 배치

- 교수 1인당 2~3개 클러스터 동시 소속

5. 학위 체계 전환

- 전공명 학위 폐지

- 역량 포트폴리오 기반 학위

- 예: "Bachelor of Arts in Creative Expression & Computational Thinking"

레베카는 보고서를 덮었다.

200페이지 보고서의 무게. 아니, 150년 역사의 무게.

그녀는 깊은 한숨을 쉬었다. 길고 떨리는 한숨.

인디애나의 3월은 여전히 쌀쌀했다. 창밖으로 캠퍼스의 가로등 불빛이 보였다. 오래된 가스등 스타일, 19세기 건물들, 전통, 역사.

그 모든 것을 무너뜨리려는 그녀.

"이걸 발표하면… 전쟁이 날 거야."

하지만 그녀는 알고 있었다. 이것이 유일한 길이라는 것을.

그녀는 책장에서 한 권의 책을 꺼냈다. 아인슈타인의 에세이집. 오래된 책으로, 대학원 시절부터 간직해 온 것이었다. 자주 펼쳐보는 페이지를 찾았다.

"Education is what remains after one has forgotten what one has learned in school."

"교육이란 학교에서 배운 것을 잊어버린 후에도 남아 있는 것이다.”

아인슈타인이 교육에 대한 재치 있는 정의라고 인용했다는 이 말이 또다시 마음에 다가왔다. 우리는 학생들에게 무엇을 남기고 있는가? 학과 이름? 전공 지식? 아니면… 배우는 방법, 생각하는 힘, 변화에 적응하는 능력?

레베카는 보고서를 다시 펼쳤다. 첫 페이지에 데이비드가 써 놓은 문구가 있었다.

“Education is not filling a pail but lighting a fire.” _ William Butler Yeats

“교육은 양동이를 채우는 것이 아니라 불을 지피는 것이다.” _ 윌리엄 버틀러 예이츠

그녀는 펜을 들어 그 아래에 한 줄을 추가했다.

“And a fire needs no boundaries to burn.”

“그리고 불은 타오르는 데 경계가 필요 없다.”

학과 소멸의 시작

2026년 3월 24일, 화요일 오전 10시.

긴급 교수회의. 공지는 단 하루 전에 나갔다. '3월 24일 화요일 오전 10시. 전체 교수 참석 필수. 중대 발표.' 그게 전부였다. 아무도 몰랐다. 무슨 일인지.

240명의 교수들이 하버스톤 대학교 메모리얼 홀 대강당에 모였다. 분위기는 긴장되어 있었다. 중대 발표라 했으니 저마다 자신들이 예상할 수 있는 최대치를 떠올리며 설마를 외치고 있을 것이다.

오전 10시 정각. 무대 옆문이 열렸다. 레베카 총장이 나타났다. 그녀는 천천히 단상으로 걸어갔다. 구두 소리만이 조용한 강당에 울렸다. 양손에는 두터운 보고서가 들려 있었다. 빨간 표지. 그녀는 연단 앞에 섰다. 보고서를 연단 위에 내려놓았다. 일부러 그랬는지 보고서 내려놓는 소리가 꽤 크게 울렸다. 웅성거림이 멈췄다. 240명의 눈이 그녀를 보고 있다.

"교수님들."

레베카의 목소리는 떨렸다. 마이크 없이도 강당에 울렸다.

"오늘 저는 하버스톤의 미래를 위한 중대한 제안을 드리고자 합니다."

그녀는 보고서 표지를 쓰다듬었다. 마지막 망설임. 그녀는 심호흡을 했다. 길고 깊은 숨. 폐에 공기가 가득 찼다. 심장이 뛰었다. 손바

닥에 땀이 났다. 이제 돌아갈 수 없다.

"우리는…"

그녀는 잠시 멈췄다.

"…학과를 없앨 것입니다."

침묵.

1초.

2초.

3초.

강당이 순간 얼어붙었다. 완전한 침묵. 숨소리조차 들리지 않았다. 240명이 동시에 숨을 멈췄다. 그리고, 폭발했다.

"뭐라고요?!"

누군가 소리쳤다. 뒤쪽에서 남자 목소리가 들렸다.

"학과를 없앤다고요?!"

또 다른 여자 목소리.

"총장님, 정신 나갔어요?!"

세 번째 목소리.

"미쳤어요?"

"학과 없는 대학이 어디 있어요!"

레베카는 침착하게 기다렸다. 소음이 가라앉자 그녀가 스크린을 켰다.

"먼저 질문 하나 드리겠습니다. 학과는 왜 존재할까요?"

마이클 더글러스 공대학장이 일어섰다.

"그야… 지식을 체계적으로 분류하고 전문적으로 가르치기 위해서죠."

"맞습니다. 그리고 그게 언제부터였을까요?"

"중세 대학부터…"

"정확히는 19세기예요."

레베카가 슬라이드를 보여 주었다.

"1810년, 독일의 훔볼트 대학이 처음으로 현대적 학과 제도를 도입했습니다. 지식이 폭발적으로 증가하던 시기였고, 전문화가 필요했죠."

화면에 1810년의 지식 지도가 나타났다. 물리학, 화학, 생물학, 철학, 역사학… 깔끔하게 구분된 영역들.

"200년 전에는 그게 맞았어요. 하지만 지금은?"

다음 슬라이드. 현대의 지식 지도. 각 분야가 복잡하게 얽혀 있었다.

"물리학자들은 생물학을 공부해야 하고, 철학자들은 AI를 이해해야 하고, 경영학자들은 심리학을 알아야 합니다. 경계가 무너지고 있어요."

토머스 라이트 교수가 손을 들었다.

"총장님, 저도 변화가 필요하다는 건 압니다. 42년 가르쳐 온 사람으로서 말이죠. 하지만 학과를 없앤다? 너무 급진적이지 않나요?"

레베카는 고개를 끄덕였다.

"라이트 교수님, 42년 전과 지금, 가장 큰 차이가 뭔가요?"

라이트 교수는 잠시 생각했다.

"학생들이 배우는 속도… 그리고 배워야 할 것의 양이죠."

"정확합니다. 그리고 한 가지 더 있어요. 배우는 방법입니다."

레베카가 데이터를 보여 주었다.

"지난 6개월간 에이전트 도입 후, 우리는 놀라운 것을 발견했습니다. 학생들의 학습 패턴이 근본적으로 변했어요."

화면에 사례들이 떠올랐다.

- **사례 1: 알렉스 데이비스 (컴퓨터과학과 2학년)**
  - **에이전트 도입 전**: 100% 공대 수업
  - **에이전트 도입 후**: Computer Science 60%

    Business 15%

    Design 15%

    Music 10%

    프로젝트: AI 기반 작곡 플랫폼 개발

    성과: 학점 2.8 → 3.9 상승
- **사례 2: 소피 첸 (실용음악과 3학년)**
  - 에이전트 도입 전: 100% 예체능 수업
  - 에이전트 도입 후: Music 50%

    Physics 20% (음향학)

    Computer Science 20% (디지털 음악)

    Psychology 10% (음악 인지)

    프로젝트: AI 화성 분석 도구 개발

    성과: 스타트업 창업, 시드 투자 유치

"보시다시피, 학생들은 이미 학과 경계를 넘나들고 있습니다. 에이전트가 그들에게 자유를 준 거예요."

마이클 학장이 다시 일어섰다.

"그래서요? 학과를 없애자고요? 수백 년 대학 역사를 부정하자는 겁니까?"

"부정이 아닙니다, 진화입니다."

레베카가 차분히 답했다.

"교육의 본질은 학과가 아닙니다. 관계입니다. 스승과 제자, 질문과 답변, 탐구와 발견. 그게 교육의 본질 아닐까요."

레베카는 다음 슬라이드를 넘겼다.

"학과는 도구였어요. 200년 전에 유용한 도구. 하지만 지금은 오히려 방해가 되고 있습니다."

화면에 현대 사회의 복잡한 문제들이 나타났다.

- Climate Change 기후 변화
- AI Ethics AI 윤리
- Pandemic Response 팬데믹 대응
- Social Polarization 사회 양극화
- Digital Divide 디지털 격차

"이 문제들을 단일 학과가 해결할 수 있나요? 기후 변화는 환경과학만의 문제인가요? 정치학, 경제학, 공학, 행동과학… 모든 게 필요해요."

강당이 조용해졌다. 레베카의 말이 힘을 얻고 있었다.

"그래서 이렇게 제안합니다."

새로운 구조도가 나타났다.

■ 하버스톤 대학교 신(新) 구조

8개 역량 클러스터 (Competency Clusters)

1. Computational Thinking Cluster 컴퓨팅 사고 클러스터

- 프로그래밍, 데이터 과학, AI, 시스템 설계

- 기존 학과: Computer Science, Statistics 일부, Math 일부

2. Creative Expression Cluster 창의적 표현 클러스터

- 음악, 미술, 디자인, 영상, 글쓰기

- 기존: School of Fine Arts, Creative Writing 일부

3. Scientific Inquiry Cluster 과학적 탐구 클러스터

- 물리, 화학, 생물, 실험 설계, 과학적 사고

- 기존: College of Natural Sciences

4. Social Innovation Cluster 사회 혁신 클러스터

- 사회 문제 해결, 정책, 경제, 조직 설계

- 기존: Social Sciences, Business School 일부

5. Communication & Language Cluster 소통과 언어 클러스터

- 언어, 수사학, 문화, 번역, 미디어

- 기존: Humanities 일부, Languages

6. Quantitative Reasoning Cluster 정량적 추론 클러스터

- 수학적 사고, 통계, 모델링, 최적화

- 기존: Mathematics, Economics 일부, Engineering 일부

7. Human Development Cluster 인간 발달 클러스터

  – 교육, 심리, 발달, 학습 과학

  – 기존: School of Education, Psychology

8. Ethical Leadership Cluster 윤리적 리더십 클러스터

  – 윤리, 철학, 리더십, 의사결정

  – 기존: Philosophy, Business 일부

수잔 마르티네즈 교수가 질문했다.

"이 클러스터들은 어떻게 운영되나요? 학과처럼 고정된 건가요?"

"아니요." 레베카 총장이 미소 지었다.

"이게 핵심입니다. 클러스터는 유연해요."

다음 슬라이드.

■ 학생 학습 예시: AI 음악 플랫폼 개발 프로젝트

- Computational Thinking 40%

- Creative Expression 30%

- Quantitative Reasoning 20%

- Ethical Leadership 10%

"학생들은 프로젝트에 따라 클러스터를 조합합니다. 마치… 팔레트에서 물감을 섞듯이."

"교수는요?"

누군가 물었다.

"교수님들은 2~3개 클러스터에 소속됩니다. 예를 들어, 캐서린 학장님."

캐서린 학장이 깜짝 놀라 고개를 들었다.

"학장님은 철학 전공이시죠. 새 구조에서는 Ethical Leadership 클러스터 50%, Communication & Language 클러스터 30%, Human Development 20% 이렇게 분산됩니다."

"무슨 소리요? 세 군데를 오가라고?"

"아니요. 학장님 연구실은 하나예요. 하지만 프로젝트에 따라 다른 클러스터 학생들과 협업하는 거죠. 사실 학장님은 이미 그렇게 하고 계세요."

레베카가 데이터를 보여 줬다.

"지난 학기, 학장님께서 지도하신 학생들을 분석했습니다. 철학과 학생은 그리 많지 않았습니다. 나머지는 정치학, 경영학, 심지어 공대 학생도 있었죠. 왜냐하면 학장님의 'AI 윤리' 수업이 필요했거든요."

캐서린 학장은 말문이 막혔다. 사실이었다. 강당이 술렁였다.

"이건 너무 복잡해요!"

"관리가 안 될 거예요!"

"학생들이 혼란스러워할 거예요!"

레베카는 조용히 기다렸다가 마지막 카드를 꺼냈다.

"그래서 에이전트가 필요한 겁니다."

에이전트 시대의 학습

데이비드가 무대로 나왔다. 노트북을 연결하자 거대한 인터페이스가 스크린에 나타났다.

"아카데미 코디네이터 에이전트(Academic Coordinator Agent)를 소개합니다."

"이 에이전트는 세 가지를 합니다. 첫째, 학생 개개인의 학습 목표와 진로에 맞는 클러스터 조합을 제안합니다. 둘째, 프로젝트에 필요한 교수진을 자동으로 매칭합니다. 셋째, 학점, 졸업요건, 포트폴리오를 실시간으로 관리합니다."

데이비드가 라이브 데모를 시작했다.

"예를 들어 볼게요. 가상의 학생, '사라 존슨'이 있습니다. 목표는 '지속가능한 패션 브랜드 창업'이에요."

그가 시스템에 목표를 입력했다. 에이전트가 즉시 분석을 시작했다.

- **학생:** 사라 존슨
- **목표:** 지속가능한 패션 브랜드 창업
- **추천 클러스터 조합**
  - Creative Expression 35% (디자인)
  - Social Innovation 25% (비즈니스 모델, 사회적 기업)
  - Scientific Inquiry 20% (지속가능 소재)

        - Ethical Leadership 15% (ESG, 윤리적 의사결정)

        - Communication & Language 5% (브랜드 스토리텔링)

- **추천 프로젝트**

        - 친환경 섬유 개발 (Scientific Inquiry + Creative Expression)

        - 순환경제 비즈니스 모델 설계 (Social Innovation + Ethical Leadership)

        - 소비자 행동 연구 (Social Innovation + Communication)

- **매칭 교수진**

        - 린다 스티븐스 교수 (디자인, Creative Expression)

        - 수잔 마르티네즈 교수 (경영, Social Innovation)

        - 마이클 브라운 교수 (화학, Scientific Inquiry)

"와…"

몇몇 교수들이 탄성을 질렀다.

"이 에이전트는 3,600명 학생 전원에게 개인화된 학습 경로를 제시할 수 있습니다."

데이비드가 설명했다. 뒤쪽에 앉은 교수가 손을 들었다.

"질문입니다. 학위는 어떻게 되나요? 'Computer Science 학사'가 없어지면, 졸업장에 뭐라고 쓰나요?"

레베카가 답했다.

"좋은 질문입니다. 학위는 역량 포트폴리오로 바뀝니다."

새로운 슬라이드.

■ 새로운 학위 예시

• 전통적 학위

"Bachelor of Science in Computer Science"

• 새로운 학위

"Bachelor of Arts in Computational Thinking & Creative Expression"

• 포트폴리오 내역

- **Computational Thinking: 45 credits**

- AI & Machine Learning

- Data Structures & Algorithms

- Software Engineering

- **Creative Expression: 30 credits**

- User Experience Design

- Digital Media Production

- Creative Coding

- **Additional Competencies: 15 credits**

- Ethical Leadership (AI Ethics)

- Communication (Technical Writing)

• 주요 프로젝트

- AI 작곡 플랫폼 개발

- 데이터 시각화 전시회

- 오픈소스 교육 소프트웨어 기여

"이게 진짜 교육 아닐까요?"

레베카가 강조했다.

"학생이 무엇을 '들었느냐'가 아니라, 무엇을 '할 수 있느냐'를 보여 주는 거죠."

캐서린 학장이 손을 들었다.

"총장님, 이건 대학이 아니라 직업학교입니다. 우리는 교육기관이에요, 인력 양성소가 아니라고요."

레베카는 예상했다는 듯 고개를 끄덕였다.

"중요한 지적입니다, 학장님. 그래서 이걸 보여드리고 싶었어요."

그녀는 새로운 슬라이드를 띄웠다. 아인슈타인의 1952년 뉴욕 타임스 기고문 중 유명한 문구였다.

"학생이 가치에 대한 이해와 생생한 감각을 습득하는 것이 필수적입니다. 그는 아름다움과 도덕적 선에 대한 생생한 감각을 갖춰야합니다. 그렇지 않으면 전문 지식을 가진 그는 조화롭게 발달한 인간이라기보다 잘 훈련된 개에 더 가깝습니다."

강당이 조용해졌다.

"아인슈타인은 1952년에 이렇게 경고했어요. 전문 지식만 있고 가치관이 없는 사람은 '잘 훈련된 개'와 다를 바 없다고요."

레베카가 캐서린을 똑바로 바라봤다.

"학장님, 저는 동의합니다. 우리는 인력 양성소가 아니에요. 그래서 Ethical Leadership 클러스터가 핵심인 겁니다. 모든 학생은 최소 10% 이상을 윤리, 철학, 비판적 사고에 할애해야 해요."

"지금도 학생들은 철학 수업을 선택으로 들을 수 있지만 대부분 안 들어요. 하지만 새 구조에서는 필수입니다. 어떤 프로젝트를 하든, 윤리적 판단이 포함돼야 해요."

"정말입니까?"

캐서린 학장이 물었다.

"정말입니다. 에이전트는 학생이 Ethical Leadership 요건을 채우지 않으면 졸업을 허가하지 않아요. 기술만 배우고 인간성을 잃는 일은 없을 겁니다."

캐서린은 잠시 생각하더니, 천천히 고개를 끄덕였다.

라이트 교수가 다시 손을 들었다.

"총장님, 제가 가르치며 깨달은 게 있습니다. 교육의 본질은 지식 전달이 아니라 관계라는 거요. 이 새로운 시스템에서도 그 관계가 유지될 수 있을까요?"

레베카는 미소 지었다. 바로 그 질문을 기다렸다.

"라이트 교수님, 정확히 그 지점이에요. 사실 이 새로운 구조는 관계를 강화합니다."

"어떻게요?"

"지금은 학과 경계 때문에 라이트 교수님이 다른 학과 학생들을 가르치기 어려워요. 행정적으로 복잡하고, 학점 인정도 까다롭죠. 하지만 클러스터 시스템에서는?"

데이비드가 데이터를 보여 줬다.

"라이트 교수님의 '최적화 이론' 강의가 필요한 학생이 전교에

237명 있습니다. 하지만 현재 수강 중인 학생은 35명뿐이에요. 왜냐하면 대부분이 다른 학과 학생이고, 수강신청이 제한되거든요.”

“새 시스템에서는 그 237명 모두가 교수님의 수업을 들을 수 있어요. 그리고 그들 각자의 프로젝트에 교수님이 멘토로 참여할 수 있죠.”

라이트 교수의 눈이 반짝였다.

“그렇다면… 오히려 더 많은 학생들과 관계를 맺을 수 있다는 건가요?”

“정확합니다.”

강당의 분위기가 조금씩 바뀌기 시작했다.

학생들의 미래

레베카 총장은 마지막 섹션으로 넘어갔다.

"교수님들, 이제 가장 중요한 질문을 드리겠습니다. 우리가 키우려는 학생은 어떤 학생인가요?"

그녀는 잠시 침묵했다. 그리고 천천히 말했다.

"2025년 8월 4일, 제가 취임사에서 했던 말 기억하시나요? '우리는 19세기 대학 구조로 21세기 인재를 키우려 하고 있다'고 했어요. 지금도 그 생각은 변하지 않았습니다. 아니, 더 확신하게 됐어요."

화면에 통계가 나타났다.

■ 2025년 졸업생 추적 조사

   1. 전공 분야 취업: 42%

   2. 다른 분야 취업: 38%

   3. 창업: 12%

   4. 대학원 진학: 8%

"보세요. 절반 이상의 학생들이 자기 전공과 다른 분야로 갑니다. 왜일까요? 세상이 바뀌었기 때문이에요. 하지만 우리 교육은 여전히 '전공'을 중심으로 설계되어 있죠."

다음 슬라이드.

■ 기업이 원하는 역량 (2025년 조사)

1. 문제 해결 능력 (89%)

2. 협업 능력 (84%)

3. 적응력 (81%)

4. 비판적 사고 (79%)

5. 창의성 (76%)

6. 전공 지식 (58%)

"전공 지식은 6위예요. 물론 중요하죠. 하지만 가장 중요한 건 아닙니다."

제니퍼 존슨 교수가 발언했다.

"총장님 말씀은 이해합니다. 하지만 기초가 없으면 응용도 없어요. 화학의 기본 원리를 모르면 어떻게 신약을 개발합니까?"

"맞습니다, 제니퍼 교수님."

레베카가 동의했다.

"기초는 절대적으로 중요해요. 하지만 기초를 배우는 방법이 달라져야 한다는 겁니다."

이어서 데이비드가 사례를 보여 줬다.

- **전통적 학습 경로**

  – 화학 입문 → 유기화학 → 생화학 → 약학 → (4년 후) 신약 개발 프로젝트

- **새로운 학습 경로**

– 1학년: "신약은 어떻게 만들어질까?" 프로젝트

　　　→ 필요한 기초: 화학, 생물학, 통계학

　　　→ 프로젝트 하면서 배움

　　　→ 에이전트가 개인 맞춤 학습 지원

"어느 쪽이 더 효과적일까요?"

데이비드가 물었다.

"우리 파일럿 데이터로는 후자가 학습 동기도 높고, 장기 기억도 더 우수했습니다. 왜냐하면 학생들이 '왜 배우는지' 아니까요."

실전: 학생의 관점

레베카가 말했다.

"이론은 충분합니다. 이제 실제 학생의 이야기를 들어보죠."

알렉스 데이비스가 강당으로 들어왔다. 청중들 사이에서 작은 소동이 일었다. 누구지?

"안녕하세요. 저는 컴퓨터과학과 2학년 알렉스 데이비스입니다. 에이전트 파일럿 프로그램의 첫 참가자였어요."

알렉스는 긴장한 듯했지만, 곧 자신감을 되찾았다.

"1년 전 이맘때 저는… 솔직히 대학을 그만둘까 생각했어요. 수업을 따라가기 힘들었고, 학점 2.8, 코딩은 너무 어려웠어요. 다른 진로를 찾아야 하나 고민했죠."

"그런데 ALAN을 만났어요. 제 개인 학습 에이전트."

알렉스가 화면을 조작했다. 그의 학습 여정이 타임라인으로 나타났다.

■ 2025년 10월: ALAN과의 첫 만남

- **학점**: 2.8

- **주요 문제**: 기초 개념 부족, 학습 방법 부재

- **ALAN의 진단**: 알렉스는 시각적 학습자. 코드만 보지 말고 그림으로 그려 봐!

- **2025년 11월: 전환점**
  - 이진탐색트리 과제
  - ALAN이 가르쳐준 방법: 답을 주지 않고, 질문으로 이끌기
  - 결과: 스스로 해결, 개념 이해
- **2025년 12월: 확장**
  - 학점: 3.4로 상승
  - ALAN의 제안: 알렉스, 음악 좋아하지? AI와 음악을 결합해 보면 어때?
  - 새로운 관심사 발견
- **2026년 1월~3월: 융합 프로젝트**
  - 실용음악과 소피 첸과 협업
  - AI 작곡 플랫폼 개발
  - 배운 것: 코딩 + 음악이론 + 사용자 경험 디자인
  - 현재 학점: 3.9

"지금 제가 만들고 있는 건 단순한 과제가 아닙니다. 실제로 사람들이 쓸 수 있는 제품이에요. 그리고 그 과정에서 저는…"

알렉스가 잠시 말을 멈췄다. 감정이 북받쳐 오르는 것 같았다.

"제가 컴퓨터과학과 학생이라는 사실을 잊었어요. 아니, 신경 쓰지 않게 됐어요. 저는 그냥… 만드는 사람이 됐어요. 문제를 해결하는 사람이죠. 만약 1년 전으로 돌아가서 선택할 수 있다면, 저는 '학과'를 선택하지 않을 거예요. 저는 '할 수 있는 일'을 선택할 거예요."

강당이 조용해졌다.

"교수님들께 부탁드립니다. 저 같은 학생들에게 기회를 주세요. 학과 경계 때문에 우리 자신을 경계석 안에 가두게 하지 말아 주세요. 물리학과에서 배울 수 있는 음향학이 제 프로젝트에 필요하다면 그 과목을 실제로 배울 수 있도록 도와주세요."

알렉스는 확신에 찬 얼굴로 단상을 내려와 자리로 돌아갔다. 강당은 여전히 조용했다. 하지만 분위기가 완전히 바뀌어 있었다. 라이트 교수가 천천히 일어섰다. 의자가 뒤로 밀렸다.

"총장님, 질문이 하나 더 있습니다."

"말씀하세요, 교수님."

"이 새로운 시스템으로 전환하는 데… 얼마나 걸립니까?"

"3년을 계획하고 있습니다."

"3년…"

라이트 교수는 잠시 생각했다.

"제가 은퇴하기 전에 볼 수 있겠군요."

그는 미소 지었다.

"총장님, 저는 찬성합니다. 오랜 세월 동안 가르치며 가장 기억에 남는 학생들은 항상 학과 경계를 넘나든 학생들이었어요. 이제 우리가 그들을 따라갈 때입니다."

하나둘 교수들이 고개를 끄덕이기 시작했다.

대학생을 위한 에이전트 활용 가이드

회의가 끝난 후, 데이비드는 학생회관 세미나실에서 특별 세션을 열었다. 40명의 학생들이 모여 있었다.

"자, 여러분. 오늘은 에이전트를 학습에 실제로 어떻게 활용하는지 구체적으로 알려드리겠습니다."

데이비드가 화면에 실제 대화 사례를 띄웠다.

■ 케이스 1: 과제 도움받기 - 잘못된 방법 vs 올바른 방법

- **잘못된 방법**

  - 학생: 이 수학 문제 답 알려 줘.

  - 에이전트: [답 제공]

  - 결과: 답은 얻었지만 이해하지 못함. 시험에서 비슷한 문제 틀림.

- **올바른 방법**

  - 학생: 이 적분 문제를 풀고 싶은데, 어디서부터 시작해야 할지 모르겠어.

  - 에이전트: 좋아요. 먼저 이 함수가 어떤 형태인지 파악해 볼까요? 분자와 분모를 보면 뭐가 보이나요?

  - 학생: 음… 분자가 분모의 미분과 비슷한 것 같아요.

  - 에이전트: 정확해요! 그럼 어떤 방법을 사용할 수 있을까요?

  - 학생: 치환적분?

- 에이전트: 완벽합니다. 직접해 보세요.

- 결과: 개념 이해, 유사 문제 해결 능력 향상

"차이가 보이나요?"

데이비드가 물었다.

"첫 번째는 답을 얻는 것, 두 번째는 배우는 겁니다."

한 학생이 손을 들었다.

"그런데 교수님, 시간이 없을 때는 어떡해요? 과제 마감이 내일인데…"

"좋은 질문이에요. 긴급 상황에서의 전략입니다."

■ 긴급 상황 전략

- **1단계: 빠른 해결**

  - 에이전트에게 답 또는 힌트 받기

  - 과제 제출

- **2단계: 24시간 내 복습 (이게 핵심!)**

  - 답을 다시 보며 왜 그렇게 풀었는지 이해

  - 에이전트에게 "이 풀이를 단계별로 설명해 줘" 요청

  - 비슷한 문제 2~3개 더 풀어보기

- **3단계: 장기 학습**

  - 이번 주말에 해당 개념 전체를 복습

  - 에이전트와 함께 약점 파악 및 보완

"이렇게 하면 마감은 지키면서도 학습은 포기하지 않아요."

데이비드가 다른 사례를 보여 줬다.

■ 케이스 2: 프로젝트 기획

- 학생: 지속가능한 캠퍼스를 만드는 프로젝트를 하고 싶어요.

- 에이전트: 훌륭한 주제네요. 먼저 구체화해 볼까요? '지속가능'이라
  는 말이 광범위한데, 특별히 어떤 측면에 관심이 있나요?

- 학생: 에너지 절약?

- 에이전트: 좋아요. 그럼 이렇게 접근해 봐요.

  • 1단계: 문제 정의

  - 우리 캠퍼스의 현재 에너지 사용량은?

  - 가장 큰 소비처는?

  - 줄일 수 있는 부분은?

  • 2단계: 필요한 역량 파악

  - 데이터 수집 및 분석 (Quantitative Reasoning)

  - 기술적 해결책 (Scientific Inquiry, Computational Thinking)

  - 학생 참여 방안 (Social Innovation)

  - 경제성 분석 (Quantitative Reasoning)

  • 3단계: 협력자 찾기

  - 시설관리팀

  - 환경과학과 교수

  - 경영학과 교수 (비용분석)

  - 같은 관심사의 학생들

– 에이전트: 내가 매칭해 줄까요?

"이게 에이전트의 진짜 힘이에요."

데이비드가 강조했다.

"여러분의 아이디어를 구조화하고, 필요한 역량을 파악하고, 사람들을 연결해 줘요."

한 학생이 실제로 질문했다.

"저는 3학년인데 아직 진로를 못 정했어요. 어떻게 해야 하죠?"

"에이전트에게 이렇게 물어보세요. '내 학습 패턴을 분석해서 내가 잘하는 것과 즐기는 것을 알려 줘'라고."

데이비드가 에이전트를 실행했다.

에이전트가 분석을 시작했다.

■ 케이스 3: 진로 탐색

• 학생 프로필 분석

– 수강 과목: 심리학, 통계학, 컴퓨터공학, 디자인

– 높은 성적 과목: 데이터 시각화, 사용자 경험 연구

– 프로젝트 이력: 학생 설문조사 앱 개발, 캠퍼스 이용 패턴 분석

– 강점: 데이터를 통한 인간 행동 이해, 시각화, 문제 해결

• 추천 진로 방향

– UX 리서처

– 데이터 애널리스트 (인사/마케팅 분야)

  – 교육 기술 전문가

  – 행동 경제학 연구자

- **다음 단계**

  – 각 분야 종사자 인터뷰 (학교 동문 네트워크 활용)

  – 관련 프로젝트 1개씩 해 보기

  – 인턴십 탐색

"이런 식으로 여러분의 데이터를 기반으로 객관적인 분석을 할 수 있어요."

데이비드가 마지막 팁을 공유했다.

"에이전트를 공부 파트너로 활용하는 방법입니다."

■ 케이스 4: 학습 효율 높이기

- **매일 학습 루틴**

  1. 수업 전 (10분)

  – 에이전트: 오늘 배울 내용은 ○○입니다. 이미 알고 있는 게 있나요?

  – 배경지식 활성화

  – 질문 준비

  2. 수업 중

  – 이해 안 되는 부분 메모

  – 핵심 개념 표시

3. 수업 후 (15분)

- 에이전트에게 "오늘 배운 ○○를 내가 이해한 대로 설명할 게. 맞는지 확인해 줘"

- 능동적 복습

- 즉시 피드백

4. 주말 (1시간)

- "이번 주에 배운 내용을 연결해서 설명해 줄래?"

- 통합적 이해

- 장기 기억 형성

"이렇게 하면 같은 시간에 2~3배 효과를 낼 수 있어요."

한 학생이 물었다.

"교수님, 근데 이렇게 에이전트에 의존하면 스스로 생각하는 능력이 퇴화하지 않을까요?"

"최고의 질문이에요!"

데이비드가 박수를 쳤다.

"그래서 규칙이 있어요."

■ 에이전트 사용 원칙

1. 답 먼저 생각하기

- 에이전트에게 물어보기 전에 30초라도 스스로 생각

- "잘 모르겠어" 보다 "이렇게 생각하는데 맞아?"

2. 설명 요구하기

– 답만 받지 말고 "왜 그런지 설명해 줘" 항상 추가 질문

3. 가르쳐 보기

– 배운 걸 에이전트에게 설명해 보기

– "내가 설명할게, 틀린 부분 지적해 줘"

4. 점진적 독립

– 처음: 에이전트와 함께 문제 풀기

– 중간: 에이전트 힌트만 받기

– 나중: 혼자 풀고 에이전트로 검증

"에이전트는 도구예요. 자전거 보조바퀴 같은 거죠. 처음엔 필요하지만, 결국엔 떼어내고 혼자 타는 게 목표예요."

데이비드는 세션을 마무리하며 말했다.

"여러분, 에이전트 시대의 학습은 '정보를 얻는 것'이 아니라 '능력을 키우는 것'입니다. 아인슈타인이 뭐라고 했는지 아세요?"

화면에 문구가 떴다.

"Education is what remains after one has forgotten what one has learned in school."

"교육이란 학교에서 배운 것을 잊어버린 후에도 남아 있는 것이다."

"학교에서 배운 걸 다 잊어버린 후에 남는 것, 그게 교육이래요. 그게 뭘까요?"

학생들이 대답했다.

"생각하는 방법!"

"문제 해결 능력!"

"배우는 방법!"

"맞아요. 그리고 에이전트는 바로 그걸 가르쳐 줄 수 있어요. 여러분이 올바르게 사용한다면 말이죠."

* * *

교수 회의는 4시간 동안 계속됐다. 찬반 논쟁이 격렬했다.

- **찬성 측 주장**
  - 학문의 경계는 인위적이에요. 실제 세계 문제는 융합적이죠.
  - 학생들이 이미 이렇게 배우고 싶어 해요. 에이전트 데이터가 증명해요.
  - 우리가 변하지 않으면, 학생들이 대학을 떠날 거예요.
- **반대 측 주장**
  - 학문의 정체성이 사라져요. 전문성이 희석됩니다.
  - 관리가 불가능해요. 혼돈이 될 거예요.
  - 교수들의 소속과 정체성은 어떻게 되나요?

레베카는 모든 의견을 경청했다. 마지막에 그녀가 말했다.

"여러분, 오늘 결정하자는 게 아니에요. 하지만 한 가지는 분명히 하고 싶습니다."

그녀는 창밖을 바라봤다. 3월의 인디애나, 아직 나무에 잎이 나지 않은 캠퍼스가 보였다.

"변화는 선택이 아니라 필연입니다. 우리가 변화를 주도할 건지, 아니면 변화에 떠밀릴 건지. 그게 우리의 선택이에요."

"4주 후, 다시 모이겠습니다. 그때까지 각자 학과로 돌아가 토론해 주세요. 학생들 의견도 들어 보시고요."

"그리고 한 가지 더."

레베카는 미소를 지었다.

"에이전트에게 물어보세요. '내 학과가 미래에도 필요한가?' 정직한 답을 얻을 거예요."

예체능의 반란

2026년 4월 7일, 화요일 오후 2시.

아트 센터의 교수 라운지.

음악, 아트, 스포츠, 무용 교수 32명이 모였다. 살벌한 분위기.

실용음악과 다니엘 브라운 교수가 먼저 입을 열었다.

"이번 구조조정, 우리한테 가장 불리합니다."

"맞아요."

무용과 교수가 거들었다.

"Creative Expression 클러스터로 다 합쳐진다고요? 말이 됩니까?"

"음악이랑 체육이 같은 클러스터라니…"

체육교육과 교수가 고개를 저었다.

그때 문이 열리고 소피 첸이 들어왔다. 실용음악과 3학년, 에이전트 파일럿 프로그램의 스타 학생.

"교수님들, 제가 말씀드려도 될까요?"

다니엘 브라운 교수가 손짓했다.

"소피, 네 생각을 들려줘."

소피가 노트북을 열었다.

"교수님들, 저 지난 6개월간 에이전트 쓰면서 깨달은 게 있어요."

화면에 그녀의 프로젝트가 나타났다.

■ 프로젝트: AI 기반 화성 분석 도구

• 협업자

  – 알렉스 데이비스 (컴퓨터과학과 2학년) – AI 알고리즘 개발

  – 브라이언 월시 (수학과 3학년) – 푸리에 변환 수학 모델

  – 리사 앤더슨 교수 (심리학과) – 음악 인지 연구

"저 혼자서는 절대 이 프로젝트 못했어요. 음악 이론은 알아도, 코딩을 몰랐거든요. 수학적 모델링도 모르고, 사람들이 음악을 어떻게 인지하는지도 몰랐고요."

"그래서?"

다니엘 교수가 물었다.

"그래서 제가 배웠어요. 에이전트 도움으로 코딩 배우고, 수학 배우고, 심리학 논문 읽고."

소피가 다음 슬라이드를 넘겼다.

■ 소피의 6개월 학습 내역

• Music Theory & Composition 50%

• Programming (Python, JavaScript) 25%

• Mathematics (신호처리, 통계) 15%

• Cognitive Psychology 10%

"이게 저한테는 더 풍부한 음악 교육이에요. 순수하게 음악만 배울 때보다."

다니엘 교수가 끼어들었다.

“소피, 네 경험은 좋아. 하지만 모든 학생이 너처럼 코딩을 배우고 싶어 하겠니?”

“아니요. 안 그럴 수도 있죠.” 소피가 인정했다.

“하지만 그건 학생이 선택할 문제 아닌가요?”

“무슨 뜻이니?”

“예전 시스템은 선택의 여지가 없어요. 근데 새 시스템은 넓은 선택의 여지를 제공합니다. Creative Expression에 100% 집중하고 싶으면 그렇게 해도 되고, 저처럼 다른 거 섞고 싶으면 그것도 가능하고.”

소피는 교수들을 둘러봤다.

“교수님들, 솔직히 말씀드려도 될까요?”

“그래.”

“예전에는… 교수님들이 정해 주신 커리큘럼을 따라가는 게 답답했어요. ‘나는 이미 원리는 알고, 실전 경험이 필요한데…’ 이런 생각 많이 했어요. 하지만 에이전트와 함께라면, 제가 필요한 걸 정확히 배울 수 있어요.”

다니엘 교수가 질문했다.

“소피, 그렇다면 교수들에게 기대하는 것은 무얼까?”

“교수님은 영감을 주세요.”

소피가 단호하게 답했다.

“에이전트는 지식을 줘요. 근데 교수님은 ‘왜 음악을 하는지’, ‘어떻게 내 목소리를 찾는지’ 그런 걸 가르쳐 주세요. 교수님께서 제게

한 말씀 기억하세요? 'Perfect harmony보다 imperfect하지만 진짜인 감정이 낫다.' 그 말이 제 음악을 바꿨어요."

소피는 눈물이 글썽했다.

"에이전트는 절대 그런 말 못해요. 그건 교수님만 할 수 있는 거예요."

회의실이 조용해졌다. 회의가 끝나고, 다니엘 교수가 혼자 남았다. 그는 소피의 프로젝트 파일을 다시 열어 봤다. 에이전트 로그에는 소피와 에이전트의 대화가 6개월치 빼곡히 기록되어 있었다.

- **2025년 10월 15일 03:24 AM**
  - 소피: 이 코드가 왜 안 돌아가지?
  - 에이전트: 문법 에러가 있습니다. 15번 줄을 보세요.
  - 소피: 아, for 루프 인덴트 문제구나. 고마워.
- **2025년 11월 3일 11:47 PM**
  - 소피: 푸리에 변환이 정확히 뭐야? 설명 좀.
  - 에이전트: 푸리에 변환은 시간 영역의 신호를 주파수 영역으로 변환하는…
  - 소피: 음악으로 비유하면?
  - 에이전트: 한 곡을 각 음높이별로 분해하는 것과 같습니다…
- **2025년 12월 20일 02:13 AM**
  - 소피: 이 화성 진행이 왜 슬프게 들리는지 과학적으로 설명할 수 있어?
  - 에이전트: 단3도 음정과 minor 코드의 overtone 구조가…

- 소피: 이걸 내 프로젝트에 어떻게 적용하지?

- 에이전트: 감정 태깅 알고리즘에 음정 간격 분석을 추가하면…

다니엘 교수는 감탄했다. 소피는 6개월 동안 수천 번 에이전트와 대화했다. 밤낮없이, 궁금한 게 생기면 즉시.

'이건… 개인 튜터를 둔 거잖아.'

그는 문득 깨달았다.

예전에는 학생들이 궁금한 게 있어도, 다음 수업까지 기다려야 했다. 또는 교수 상담시간에 찾아와야 했다. 하지만 대부분의 학생들은 그러지 못했다. 부끄러워서, 귀찮아서, 또는 교수가 바빠 보여서.

하지만 에이전트는 항상 거기 있었다. 새벽 3시에도, 주말에도, 어떤 '바보 같은' 질문에도 친절하게 답했다.

"그래서 소피가 이렇게 성장한 거구나…"

다니엘 교수는 자신의 강의 노트를 펼쳤다. 20년간 가르쳐온 'Music Theory II' 커리큘럼.

- **Week 1: 화성학 기초**

- **Week 2: 4성부 작법**

- **Week 3: 전조와 차용화음**

⋮

"이게 모든 학생에게 맞을까?"

그는 처음으로 의문을 품었다.

어떤 학생은 harmony를 이미 알고, arrangement를 배우고 싶어 한다. 어떤 학생은 기초가 부족해서 더 천천히 가야 한다. 하지만 그는 모두에게 같은 진도를 강요해 왔다.

"에이전트라면… 각 학생의 수준에 맞출 수 있겠지."

그는 노트북을 열고, 조심스럽게 에이전트에게 물었다.

"내 수업을 어떻게 개선할 수 있을까?"

에이전트가 답했다.

■ 분석 결과

다니엘 브라운 교수의 'Music Theory II' 수업 (지난 3년 데이터 기반)

- **강점**
  - 체계적인 커리큘럼
  - 명확한 개념 설명
  - 풍부한 예제
- **개선 가능 영역**
  - 학생별 수준 차이 고려 부족
  - 실전 적용 기회 제한
  - 피드백 속도 (과제 제출 후 2주 소요)
- **제안**
  - Pre-test를 통한 수준별 학습 경로 제공
  - 에이전트 기반 즉시 피드백 시스템
  - 프로젝트 기반 학습 강화
  - 교수님은 심화 토론과 창작 지도에 집중

다니엘 교수는 화면을 멍하니 바라봤다.

"틀린 말이 하나도 없네…"

그는 소피에게 메시지를 보냈다.

> 다니엘: 소피, 다음 학기 내 수업, 네가 도와줄 수 있겠니? 에이전트 활용해서 새로 설계해 보고 싶어.

답장이 곧 왔다.

> 소피: 교수님, 제가 도와드리고 싶어요! 그리고… 다른 학생들 몇 명이랑 팀 짜도 될까요? 같이 하면 더 좋을 것 같아요.

다니엘 교수는 미소 지었다.

> 다니엘: 좋지. 그렇게 하자.

철학과의 확장

2026년 4월 14일, 화요일 오후 4시.

인문대학 건물, 캐서린 해리슨 학장의 연구실.

캐서린은 졸업생 취업률 보고서를 보고 있었다. 숫자는 참담했다.

■ **하버스톤 대학교 졸업생 취업률 (2025)**

- **전체 평균**　　　– 76%
- **단과대학별**　　　– 공과대학: 94%

　　　　　　　　　　– 경영대학: 88%

　　　　　　　　　　– 자연과학대학: 82%

　　　　　　　　　　– **인문대학: 58%**

　　　　　　　　　　– 사회과학대학: 71%

　　　　　　　　　　– 예체능대학: 52%

캐서린은 깊은 한숨을 쉬었다. 무거운 한숨이었다. 이사회에서 압박이 들어올 게 뻔했다.

"인문학이 쓸모없다는 건 아니에요."

그들은 말할 것이다.

"하지만 학생들이 일자리를 못 구하는데, 어떡합니까?"

문을 두드리는 소리.

"들어오세요."

철학과 에밀리 로드리게스가 들어왔다. 에이전트 파일럿의 또 다른 스타 학생.

"해리슨 학장님, 시간 괜찮으세요?"

"그래, 앉으렴."

에밀리가 노트북을 펼쳤다.

"학장님께 보여드리고 싶은 게 있어요."

"뭔데?"

"제 진로 계획이요."

화면에는 상세한 문서가 나타났다.

■ 에밀리 로드리게스 커리어 포트폴리오

- **목표**: AI Ethics Researcher & Consultant
- **역량 개발 계획**

  1. **Ethical Leadership (40%)**

     - Ethics, Political Philosophy, Value Theory
     - 완료: 10학점/목표: 24학점

  2. **Computational Thinking (30%)**

     - AI Fundamentals, Machine Learning, Algorithms
     - 완료: 6학점/목표: 18학점

  3. **Social Innovation (20%)**

     - Policy, Governance, Organizational Theory
     - 완료: 4학점/목표: 12학점

4. Communication (10%)

- Writing, Presentation, Storytelling
- 완료: 2학점/목표: 6학점

- **프로젝트**

  - AI Decision-Making Ethics Framework 개발
  - Autonomous Vehicle Ethics Dilemma Simulation

- **인턴십**

  - Tech Ethics Institute (예정)
  - EU AI Act Policy Research 참여 (진행 중)

캐서린은 깜짝 놀랐다.

"에밀리, 이거… 네가 다 계획한 거니?"

"에이전트가 도와줬어요. 제 목표를 말했더니, 어떤 역량들을 개발해야 하는지 제시해 줬어요."

"AI Ethics Researcher라… 좋은 선택이네."

"네. 그런데 학장님, 제가 깨달은 게 있어요."

"뭔데?"

"철학을 전공한다는 게, 예전에는 '철학 수업만 듣는 것'이었잖아요. 근데 이제는 달라요."

에밀리는 자신의 수강 내역을 보여 줬다.

■ 에밀리 로드리게스 지난 학기 수강 내역

- Kantian Ethics (철학)

- Introduction to Machine Learning (컴퓨터과학)

- Algorithmic Decision Making (컴퓨터과학)

- Policy Analysis (행정학)

- AI and Society (사회학)

"저는 여전히 철학을 전공해요. 근데 철학을 '적용'하려면 다른 분야를 알아야 해요. AI를 모르면 AI ethics를 논할 수 없잖아요."

캐서린은 천천히 고개를 끄덕였다.

"그래, 네 말이 맞다."

"그래서요, 학장님."

에밀리가 조심스럽게 말했다.

"저는 새 구조가 좋아요. Ethical Leadership 클러스터로 바뀌면, 철학이 더 중요해질 거예요."

"왜 그렇게 생각하니?"

"모든 프로젝트에 윤리가 필수라잖아요. 그럼 엔지니어링 학생들도, 경영학 학생들도 철학 수업을 들어야 해요. 지금보다 훨씬 많이."

"음…"

"그리고 학장님, 솔직히 지금 철학과 취업률 낮은 이유 아세요?"

캐서린은 에밀리를 쳐다봤다.

"말해 봐."

"철학이 쓸모 없어서가 아니에요. 철학을 '어떻게 쓰는지' 안 가르쳐서예요."

"…"

"저는 에이전트 덕분에 철학을 실제 문제에 적용하는 법을 배웠어요. AI ethics 같은. 근데 다른 친구들은 그런 기회가 없었어요."

에밀리는 다음 슬라이드를 넘겼다.

■ **철학과 졸업생 진로 (2025)**

- 대학원 진학: 22%
- 취업 실패/미정: 42%
- 비전공 취업: 28%
- 전공 관련 취업: 8%

"이게 문제예요. 전공 관련 취업이 8%밖에 안 돼요. 왜? 철학을 '쓸 곳'이 없어서요."

"하지만 새 구조에서는요?"

에밀리는 예상 진로를 보여 줬다.

■ **예상 Ethical Leadership 졸업생 진로**

- AI Ethics Researcher
- Policy Analyst
- Corporate Ethics Consultant
- Legal AI Specialist
- Medical Ethics Advisor
- Data Governance Manager

"이렇게 구체적인 career path가 생겨요. 왜? 철학을 다른 분야와 연결해서 배우니까요."

캐서린은 오랫동안 침묵했다.

"에밀리, 네 말을 들으니까… 내가 학생들을 너무 제한한 건 아닌가 싶구나."

"아니에요, 학장님."

"아니야. 나는 철학의 순수성을 지키려 했어. '철학은 철학이다. 다른 뭔가에 종속되어서는 안 된다.' 그렇게 믿었지."

"하지만 그게…"

에밀리가 조심스럽게 말했다.

"학생들을 고립시킨 거예요."

"그래."

캐서린은 창밖을 바라봤다. 하버스톤 캠퍼스에 학생들이 걸어 다녔다. 그들은 스마트폰을 보고, 에이전트와 대화하고, 세상과 연결되어 있었다.

"세상이 변했는데, 나만 안 변했구나."

"학장님도 변하실 수 있어요. 에이전트가 도와줄 거예요."

그날 밤, 캐서린은 에이전트와 대화를 시작했다.

> » 캐서린: 철학 교육의 미래에 대해 생각해 보고 싶어.

에이전트가 답했다.

» 에이전트: **[분석 시작]**

해리슨 학장님, 철학 교육의 가장 큰 도전은 '관련성(relevance)'입니다.

철학적 사고는 여전히 중요하지만, 학생들이 '어디에' 적용할지 모르는 게 문제죠.

제안:

1. Problem-Based 철학 교육

   - 추상적 이론 → 구체적 문제

   - 예: "What is justice?" → "Is AI hiring algorithm fair?"

2. Inter-Disciplinary 프로젝트**

   - 철학과 단독 → 타 학과 협업

   - 예: Engineering과 협업한 "Autonomous Vehicle Ethics Simulation"

3. 철학의 실용적 가치 강조

   - Critical Thinking

   - Logical Reasoning

   - Ethical Judgment

   → 이것들이 현대 사회에서 왜 필수인지 보여 주기

"흥미롭네…"

캐서린은 더 물었다.

» 캐서린: 구체적으로, 내 'Introduction to Ethics' 수업을 어떻게 바꿀 수 있을까?

» 에이전트: **[수업 재설계 제안]**

기존 구조

- Ancient Ethics (4주)

- Deontology (3주)

- Consequentialism (3주)

- Virtue Ethics (3주)

- Contemporary Ethics (2주)

문제: 이론 중심, 실제 적용 부족

새로운 구조

- Module 1: Ethics Dilemma Simulation 윤리적 딜레마 시뮬레이션 (2주)

  · 실제 사례: Autonomous Vehicle Trolley Problem 자율주행 트롤리 딜레마

  · 학생들이 먼저 직관적으로 판단

  · "왜 그렇게 생각했나?" 성찰

- Module 2: Philosophy Theory Toolkit (4주)

  · 각 이론을 Module 1의 딜레마에 적용

  · 칸트라면 어떻게 판단했을까?

  · 공리주의자라면?

- Module 3: 실전 프로젝트 (6주)

  · 학생별 관심 분야 선택

· AI Ethics

· Medical Ethics

· Environmental Ethics

· Business Ethics

· 타 전공 학생과 팀 구성

· 실제 윤리 가이드라인 개발

- Module 4: 성찰과 발표 (3주)

· 프로젝트 결과 공유

· 철학 이론이 실제로 어떻게 도움됐는지 토론

· 개인 윤리 철학 정리

캐서린은 화면을 응시했다. 그녀의 20년 커리큘럼이 완전히 뒤집혀 있었다. 하지만… 더 나아 보였다.

» 캐서린: 이렇게 하면… 학생들이 철학을 '살아 있는 학문'으로 경험하겠네.

에이전트가 답했다.

» 에이전트: 정확합니다. 그리고 학장님의 역할은 더 중요해집니다. 에이전트는 이론을 설명할 수 있어요. 하지만 학생들이 자신만의 윤리적 판단을 내리도록 이끄는 건, 학장님의 경험과 지혜가 필요한 영역입니다. 소크라테스가 플라톤에게 했던

것처럼, 학장님은 질문으로 학생들을 이끌 수 있어요. 에이전트는 그 과정에서 필요한 정보를 제공하고요.

캐서린은 미소 지었다. 소크라테스. 2,400년 전 아테네의 철학자. 그는 학생들에게 답을 주지 않고, 질문으로 스스로 생각하게 했다.

"그래. 그게 철학의 본질이지. 답을 주는 게 아니라, 생각하게 만드는 것."

그녀는 노트에 적었다.

철학은 죽지 않는다. 오히려 더 필요해진다. AI 시대일수록, 인간의 가치와 윤리에 대한 깊은 사유가 필수다. 다만 가르치는 방법이 바뀔 뿐이다. 강의실에서 교수가 일방적으로 말하는 것이 아니라, 학생이 실제 문제와 씨름하며 철학적 도구를 사용하는 것. 에이전트는 그 여정의 동반자다. 하지만 길을 제시하는 건 여전히 교수의 몫이다.

그녀는 결심했다. 다음 학기, 수업을 완전히 바꾸기로.

* * *

다음 날, 캐서린은 총장을 찾아갔다.

"총장님."

"학장님, 무슨 일이세요?"

“저… 구조개편에 찬성합니다.”

레베카는 깜짝 놀랐다.

“정말입니까?”

“네. 단, 조건이 하나 있습니다.”

“말씀해 보세요.”

“Ethical Leadership 클러스터가 진짜 핵심이 되어야 해요. 장식이 아니라.”

“물론입니다.”

“그리고 모든 학생이 최소 15학점 이상을 윤리학, 철학, 비판적 사고에 할애해야 해요.”

“동의합니다.”

캐서린은 레베카를 똑바로 쳐다봤다.

“총장님, 약속해 주세요. 에이전트가 효율성만 추구하는 도구가 되지 않도록.”

“약속합니다.”

레베카가 단호하게 답했다.

“에이전트는 도구예요. 교육의 주인공은 여전히 학생과 교수입니다.”

“좋아요. 그럼 저도 이 혁명에 동참하겠습니다.”

두 사람은 악수했다.

* * *

2026년 4월 30일. 목요일 12시30분.

2차 전체 교수 회의. 메모리얼 홀 대강당.

레베카 총장이 발표했다.

"투표 결과를 알려드립니다."

■ 대학 구조개편안 찬반 투표 (240명 중)

- 찬성: 156명 (65%)

- 반대: 65명 (27%)

- 기권: 19명 (8%)

"과반을 넘었습니다. 우리는 새로운 역사를 쓰게 됩니다."

박수가 터져 나왔다. 하지만 여전히 우려하는 교수들도 있었다.

레베카 총장이 말을 이었다.

"이 변화는 2년에 걸쳐 단계적으로 진행됩니다."

■ 구조개편 로드맵

- **Phase 1 (2026 가을 학기)**

  - 8개 클러스터 시범 운영

  - 기존 학과와 병행

  - 신입생부터 적용

- **Phase 2 (2027 봄 학기)**

  - 클러스터 전면 확대

  - Sophomores & Juniors 전환 프로그램

　　– 교수 재배치 시작

- **Phase 3 (2027 가을 학기)**

　　– 학과 공식 폐지

　　– 클러스터 단독 운영

　　– 새로운 학위 체계 시행

- **Phase 4 (2028 이후)**

　　– 평가 및 개선

　　– 지속적 최적화

"천천히, 하지만 확실하게 갑니다."

레베카 총장이 마지막으로 말했다.

"교수님들, 이 여정은 결코 쉽지 않을 겁니다. 하지만 우리는 해낼 수 있어요."

창밖으로 하버스톤 캠퍼스의 봄이 보였다. 올드 메인 빌딩에서 사이언스 빌딩까지, 인디애나의 4월은 새로운 시작을 약속하고 있었다.

교육의 미래를 향하여

그날 저녁, 레베카는 총장실에 혼자 앉아 있었다. 창밖으로 캠퍼스의 야경이 보였다. 오래된 건물들, 가로등 불빛, 늦게까지 공부하는 학생들의 방에서 새어 나오는 빛.

책상 위에는 여전히 아인슈타인의 에세이집이 놓여 있었다. 그녀는 책을 펼쳐 밑줄 그어둔 부분들을 다시 읽었다.

"교육의 목표는 독립적으로 사고하고 행동하는 개인을 양성하는 것이어야 하며, 그러나 그들이 공동체에 대한 봉사를 자신의 가장 높은 삶의 성취로 볼 수 있어야 한다."

"창의적 표현과 지식에서 기쁨을 일깨우는 것, 그것이 교사의 최고 예술이다."

"교육이란 학교에서 배운 것을 잊어버린 후에도 남아 있는 것이다."

레베카는 세 개의 인용문을 나란히 놓고 바라봤다. 이것이 바로 우리가 만들려는 것.

독립적으로 사고하되, 공동체를 위해 봉사하는 사람. 배우는 기쁨을 아는 사람.

지식은 잊어버려도, 생각하는 방법과 배우는 방법은 남는 교육.

레베카는 펜을 들어 노트에 적었다.

오늘 우리는 시작했다. 학과의 벽을 허무는 게 아니라, 학생들의 잠재력을 가로막던 장벽을 제거하는 것이다. 새로운 구조는 아인슈타인이 말한 교육의 본질로 돌아가는 것이다.

· **첫째, 독립적 사고**

학생들이 정해진 커리큘럼을 따라가는 게 아니라, 스스로 학습 경로를 설계한다. 에이전트가 그들의 선택을 돕는다.

· **둘째, 공동체 봉사**

모든 프로젝트는 실제 문제를 해결한다. 개인의 성장과 사회의 발전이 분리되지 않는다.

· **셋째, 배움의 기쁨**

교수는 지식을 전달하는 사람이 아니라, 그 기쁨을 일깨우는 사람이다. 에이전트는 지식을 주고, 교수는 영감을 준다.

에이전트는 도구다. 하지만 그 도구가 가능하게 하는 것은 인간적이다. 더 깊은 관계, 더 개인화된 학습, 더 의미 있는 교육. 2,400년 전 소크라테스가 플라톤에게 했던 것처럼, 우리는 다시 한 명 한 명의 학생과 진정한 대화를 나눌 수 있게 되었다. 이제 그 대화는 1:1이 아니라 1:1:1이다. 교수, 학생, 그리고 에이전트. 세 주체가 함께 배움의 여정을 만들어 간다.

교육의 본질은 변하지 않는다. 변하는 건 도구일 뿐이다. 그리고 좋은 도구는 본질을 더 잘 드러내게 한다.

레베카는 노트를 덮고 창밖을 바라보며 나지막히 되뇌었다.

'우리 학생들이 학과 이름을 잊어버려도, 세부 지식을 잊어버려도, 그들에게 남는 것은 무엇일까?'

생각하는 힘, 배우는 방법, 타인과 협력하는 능력, 세상을 더 나은 곳으로 만들려는 의지.

그것이 진짜 교육이다.

변화는 두렵다. 하지만 필요하다. 그리고 하버스톤은 그 변화를 시작했다.

제6장: 실행의 시작

THE IMPLEMENTATION BEGINS

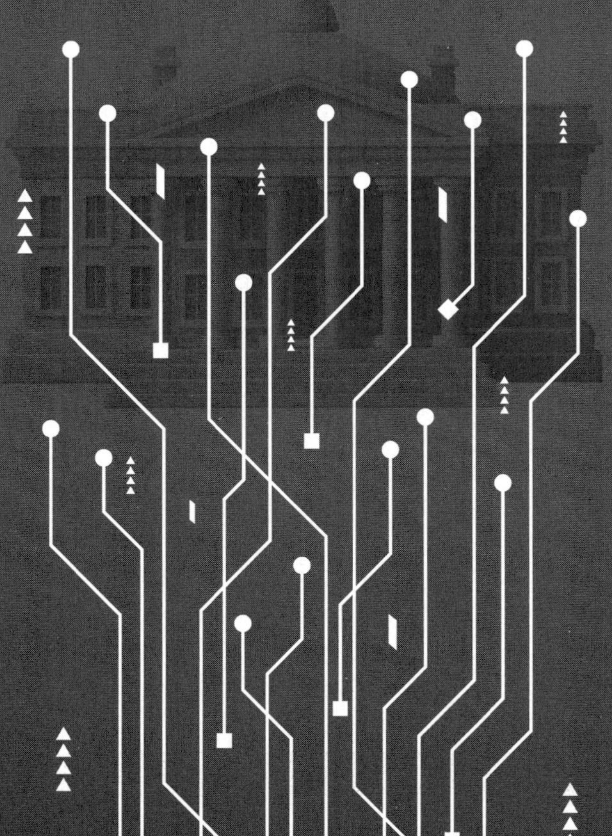

2026년 5월 4일, 월요일 오전 9시.

투표가 끝난 지 48시간.

레베카 총장의 집무실은 이미 전쟁터였다. 책상 위에는 서류가 산더미처럼 쌓여 있었다. 노트북 세 대가 동시에 켜져 각각 다른 스프레드시트를 띄우고 있었다. 벽에는 노란색, 분홍색, 파란색 포스트잇이 붙어 있었다. 할 일, 완료, 긴급. 색깔별로 분류되어 있었다. 레베카는 밤새 여기 있었다. 집에 가지 않았다. 소파에서 세 시간 자고 다시 일어났다.

벽면에는 거대한 프로젝트 타임라인이 붙어 있었다.

Harverston Transformation: May - August 2026

데이비드, 토머스 교수(수학과), 수잔 교수(경영학과), 그리고 신규 채용된 변화관리 전문가 올리비아 워커 박사가 회의 테이블에 둘러앉았다.

"18주입니다."

레베카 총장이 말했다.

"가을학기 시작까지 17주. 37개 학과를 없애고, 8개 클러스터를 세우고, 3,600명 학생과 240명 교수를 새 시스템으로 이전시켜야 해요."

"불가능한 일정 아닙니까?"

토머스 교수가 물었다. 목소리에는 걱정이 묻어났다. 그는 타임라인을 쳐다봤다. 교수로 오랫동안 지내왔기에 대학이 얼마나 느리게 움직이는지 알고 있었다. 작은 변화 하나에도 몇 달이 걸렸다.

그런데 37개 학과를 18주 안에?

"그래서 우선순위를 정했습니다."

올리비아 워커 박사가 말했다.

40대 초반의 흑인 여성. 하버드 경영대학원 출신. 변화관리 전문가. 지난 15년간 포춘 500대 기업 10곳의 구조조정을 이끌었다. 그녀는 짧은 검은 머리카락을 깔끔하게 빗어 넘겼고, 큰 은색 귀걸이를 하고 있었다. 검은 블레이저에 흰 셔츠. 프로페셔널했다.

노트북을 열고 스프레드시트를 공유했다. 손가락이 키보드 위를 빠르게 움직였다. 클릭, 클릭.

■ Phase 1: 행정 구조 재편 (5월 4~31일)

- **Week 1~2**
  - 학과 사무실 통폐합 TF 구성
  - 직원 재배치 상담 시작
  - Learning Support Hub (학습 지원 센터) 설계 완료

- **Week 3~4**
  - 37개 학과 사무실 → 1개 통합 허브로 이전
  - 행정 시스템 에이전트 통합 (학사, 성적, 상담)

– 직원 재교육 프로그램 시작

"32명을 재배치해야 합니다."

수잔 교수가 말했다. 경영학과 교수. 인적자원관리 전공. 50대 중반의 라틴계 여성. 긴 검은 머리에 은발이 섞여 있었다. 그녀의 반테 안경이 지적인 느낌을 줬다.

그녀는 스프레드시트를 스크롤했다. 32개의 이름. 32개의 인생.

"아무도 해고하지 않는다는 원칙 하에."

그녀는 이 말을 강조했다. 레베카의 눈을 똑바로 봤다.

화면에 재배치 계획이 나타났다.

■ 직원 재배치 세부 계획

- **Group 1: 학습지원 전문가 (10명)**

  – 대상: 학생 상담 경력 있는 행정직원

  – 역할: 에이전트 사용법 교육, 학습 경로 설계 지원

  – 재교육: 4주 (교육심리학, 에이전트 시스템)

- **Group 2: 진로개발 코치 (8명)**

  – 대상: 취업지원 경험자

  – 역할: 역량 기반 진로 상담, 기업 매칭

  – 재교육: 3주 (역량 평가, 산업 트렌드)

- **Group 3: 기술 촉진자 (7명)**

  – 대상: IT 친화적 직원

  – 역할: 에이전트 시스템 관리, 교수 기술 지원

- 재교육: 6주 (기술 교육, 시스템 관리)

- **Group 4: 커뮤니티 코디네이터 (7명)**

  - 대상: 학생활동 지원 경력자

  - 역할: 클러스터 간 협업 촉진, 학생 커뮤니티 활성화

  - 재교육: 2주 (커뮤니티 빌딩)

"그들이 동의할까요?"

레베카 총장이 물었다.

"이미 1차 설명회를 했습니다."

수잔 교수가 답했다.

"32명 중 29명이 관심을 보였어요. 실제로 많은 분들이 '서류작업에서 벗어나 의미 있는 일을 하고 싶었다'고 하더군요."

"나머지 3명은요?"

"명예퇴직을 원하십니다. 20년 이상 근속자들이고, 이미 은퇴를 고려하고 계셨대요. 충분한 보상 패키지를 제안했습니다."

레베카는 안도의 한숨을 쉬었다.

길고 깊은 한숨.

어깨에서 힘이 빠졌다. 긴장이 풀렸다. 그녀는 눈을 감았다.

'29명이 동의했다. 3명은 명예퇴직. 그렇다면 아무도 강제로 잘리지 않는다.'

"잘됐네요."

그녀의 목소리가 떨렸다. 안도의 떨림.

* * *

2026년 5월 6일, 수요일 오후 2시.

올드 메인 빌딩 지하 대회의실. 32명의 행정직원이 모였다.

레베카 총장이 단상에 올랐다.

"여러분, 먼저 감사드립니다. 변화를 받아들여 주셔서."

박수가 조금 나왔다. 여전히 불안한 표정들이 많았다.

"솔직히 말씀드리겠습니다. 여러분의 일은 사라집니다."

회의실이 조용해졌다.

"하지만 여러분은 사라지지 않습니다. 오히려 더 중요해집니다."

레베카가 화면을 켰다.

"지금까지 여러분은 무엇을 하셨나요? 서류 처리, 학점 입력, 수강신청 관리, 증명서 발급… 맞죠?"

고개를 끄덕이는 직원들.

"이 일들은 에이전트가 할 겁니다. 24시간, 실수 없이, 즉각적으로."

한 직원이 손을 들었다.

린다 윌리엄스. 50대 초반의 백인 여성. 영문과 행정실에서 18년간 근무했다. 베테랑이었다. 그녀는 갈색 머리카락을 어깨까지 내려뜨리고 안경을 쓰고 있었다. 푸른 스웨터에 검은 슬랙스. 편안한 옷차림. 하지만 그녀의 얼굴은 긴장되어 있었다. 미간이 찌푸려져 있었다. 손이 떨렸다. 그녀는 영문과를 사랑했다. 18년. 그곳이 그녀의 집이었다.

"그럼…"

린다의 목소리가 떨렸다. 불안과 분노가 섞여 있었다.

"우리는 뭘 하라는 겁니까?"

회의실이 조용해졌다. 다른 직원들도 같은 질문을 하고 싶었다. 린다가 대신 물어준 것이다.

"사람을 도우는 일입니다."

"지금도 하고 있잖아요."

"아니요."

레베카가 부드럽게 말했다.

"지금 린다는 하루에 몇 명의 학생과 진짜 대화를 하시나요? 서류 처리 말고, 진짜 그들의 고민을 듣고 도와주는 시간이요."

린다는 입을 다물었다.

대답이 없었다. 아니, 대답을 알고 있었다.

제로.

그녀는 하루 종일 서류를 처리했다. 이메일에 답하고 전화를 받았다. 수강신청 문제를 해결하고 성적을 입력했다.

학생들? 얼굴도 기억하지 못 했다. 이름만 알았다. 스프레드시트의 이름.

그녀의 눈가가 뜨거워졌다.

"아마 거의 없을 겁니다. 시간이 없으니까요. 하지만 이제는 그게 여러분의 '전부'가 됩니다."

화면이 바뀌었다.

■ **새로운 역할: 학습지원 전문가 (Learning Support Specialist)**

• **주요 업무**

- 학생 1:1 학습 경로 상담 (주 15~20명)

- 에이전트 활용 교육 및 멘토링

- 학습 부진 학생 조기 발견 및 지원

- 교수-학생 매칭 및 조정

• **도구**

- Student Dashboard (에이전트 통합)

- 학습 패턴 분석 리포트

- 실시간 알림 시스템

"린다, 당신은 18년간 수천 명의 학생을 봐 왔어요. 어떤 학생이 어려움을 겪는지 한 번만 봐도 아시잖아요. 그 직관과 경험이 이제 여러분의 핵심 역량입니다."

린다의 표정이 조금 밝아졌다. 미간의 주름이 풀렸다. 입가에 작은 미소가 떠올랐다.

"직관과 경험…"

그녀는 그 말을 되뇌었다. 조용히.

18년. 그녀가 가진 것. 쓸모없어지는 게 아니었다. 오히려 더 중요해지는 것.

다른 직원이 물었다.

"재교육은 어떻게 되나요?"

"4주간 집중 프로그램입니다. 급여는 100% 지급되고, 실패 부담 없습니다. 여러분이 준비될 때까지 지원합니다."

"나이 든 사람도 할 수 있을까요? 저 50대인데…"

"나이는 상관없어요."

데이비드가 나서서 말했다.

"오히려 경험이 더 중요합니다. 에이전트는 데이터를 분석하지만, 사람을 이해하는 건 여러분만 할 수 있어요."

회의가 끝났다. 직원들이 하나둘 일어나 속삭이며 나갔다. 표정들이 조금 밝아져 있었다. 하지만 린다는 자리에 앉아 있었다. 한참 동안 그녀는 생각했다. 새로운 역할, 학습지원 전문가, 학생들과 진짜 대화하는 일.

그녀는 천천히 일어나 레베카에게 다가갔다.

"총장님."

린다의 목소리는 작았고 떨렸다.

"솔직히 처음엔 화가 났어요."

그녀는 레베카의 눈을 봤다.

"'18년 일한 게 쓸모 없어지는구나' 싶어서요. 제가 한 모든 일이… 무의미해지는 것 같았어요."

그녀의 눈가가 붉어졌다.

"이해합니다."

"근데 방금 말씀을 들으니까…"

린다는 웃었다. 눈물 섞인 웃음.

"오히려 설레네요."

그녀는 고개를 저었다. 믿기지 않는다는 듯.

"저 진짜 학생들 도와주는 거 좋아하거든요. 그게 제가 이 일을 시작한 이유였어요. 근데 언제부터인가… 항상 서류 때문에 시간이 없었어요."

그녀는 손으로 눈가를 닦았다. 레베카는 린다의 손을 잡았다. 따뜻한 손과 조금 떨리는 손. 두 여성이 눈을 마주쳤다. 총장과 행정직원. 하지만 지금은 그냥 두 사람.

변화를 만드는 사람과 변화를 받아들이는 사람.

"이제 시간이 있을 거예요. 그리고 린다, 한 가지 더 말씀드릴게요. 우리가 왜 이런 변화를 만드는지 아세요?"

"효율성 때문 아닌가요?"

"아니에요."

레베카가 고개를 저었다.

"교육의 본질 때문입니다. 교육은 결국 관계예요. 사람과 사람 사이의 연결, 대화, 신뢰. 18년 동안 린다가 학생들과 쌓은 그 순간순간의 연결이 진짜 교육이었어요. 서류작업이 아니라."

린다의 눈가가 촉촉해졌다. 눈물이 맺혔다. 그녀는 말없이 고개를 끄덕였다.

"교육은 결국 관계예요."

레베카의 말이 그녀 가슴에 박혔다. 18년 전을 떠올렸다. 영문과 행정실에 처음 출근했던 날. 학생들을 도와주고 싶었다. 그들의 꿈을 응원하고 싶었다.

언제부터 서류만 처리하게 됐을까?

이제 다시 시작할 수 있다.

"이제 그 본질로 돌아가는 거예요. 에이전트가 행정을 떠맡으면, 우리는 다시 사람에게 집중할 수 있어요. 이건 19세기 대학이 가졌던 그 교육의 순수함을, 21세기 기술로 되찾는 여정입니다."

* * *

2026년 5월 11일, 월요일 오전 8시.
공사가 시작됐다.
올드 메인 1층. 문학과, 철학과, 역사학과 사무실이 있던 복도.
로버트 존스 시설관리국장이 작업지시서를 들고 있었다.
"정말 다 없앱니까?"
그가 레베카 총장에게 확인했다.
"네! 벽을 허물고 하나의 큰 공간으로 만들어 주세요."
"60년 된 벽인데…"
"그래서 허무는 거예요."
드릴 소리가 복도를 가득 채웠다. 학생들이 구경하러 모여들었다.
"뭐 하는 거예요?"
"학과 사무실 없앤대요."
"진짜로 하는구나…"
벽이 무너지기 시작했다. 먼지가 날렸다. 그리고 그 뒤로… 넓은 공간이 드러났다.
데이비드가 설계도를 펼쳤다.

■ 학습 지원 센터 Learning Support Hub – 올드 메인 빌딩 1층

- **Zone A: 즉시 지원 구역** (Quick Support Zone)
  - 에이전트 키오스크 10대
  - 간단한 문의 즉시 처리
  - 대기시간 평균 2분 이하
- **Zone B: 심화 상담 구역** (Deep Consultation Zone)
  - 상담 부스 15개
  - 예약제 1:1 상담 (30분 단위)
  - 학습지원 전문가 상주
- **Zone C: 협업 공간** (Collaboration Space)
  - 그룹 스터디룸 8개
  - 화이트보드, 스크린 완비
  - 에이전트 그룹 세션 지원
- **Zone D: 기술 지원센터** (Tech Support Center)
  - 기술 촉진자 4명 상주
  - 에이전트 시스템 문제 즉시 해결
  - 교수 기술 지원

"이게… 하나의 사무실로 다 되나요?"

로버트 국장이 의심스러워했다.

"됩니다."

데이비드가 확신했다.

"에이전트가 90%의 일을 처리하면, 직원들은 10%의 복잡한 일에 집중하면 돼요. 오히려 공간이 남을 겁니다."

* * *

2026년 5월 16일, 토요일 오전 10시.

첫 재교육 세션. Learning Commons 학습공유공간 세미나실.

10명의 학습지원 전문가 후보가 앉아 있었다. 평균 연령 45세. 평균 근속 연수 14년.

강사는 웬디 황 교수(교육학)였다.

"여러분, 오늘부터 4주간 함께 공부합니다. 주제는 하나예요. '학생을 어떻게 도울 것인가.'"

한 직원이 조심스럽게 손을 들었다. 마이클 토러스, 전 물리학과 행정실장.

"교수님, 저희는 교육학을 배운 적이 없는데…"

"몰라도 됩니다. 여러분은 이미 알고 있어요. 14년간 학생들을 봐 왔잖아요."

"하지만 그건 행정 업무였고…"

"마이클, 질문 하나 할게요. 학생이 와서 '휴학하고 싶어요'라고 말하면, 뭐라고 하셨어요?"

"서류 주고… 그런데 가끔 왜 휴학하려는지 물어봤어요."

"바로 그겁니다. 그 '왜'를 묻는 게 여러분의 새 일이에요."

웬디 교수가 사례를 보여 줬다.

■ **Case Study 1**

- **학생**: 사라 스미스, 2학년

- **에이전트 경고**

  – 지난 2주간 수업 출석률 40%

  – 에이전트 사용 급증 (하루 12시간) 직전 학기 대비 학점 0.8 하락

"이 학생에게 무슨 일이 있는 걸까요?"

린다가 말했다.

"스트레스 받고 있어요. 에이전트 사용이 급증한 건 불안해서 그래요. 뭔가 따라잡으려고."

"맞습니다. 그럼 어떻게 도와줄까요?"

"먼저 면담을 잡아요. 그리고 뭐가 문제인지 들어 봐야죠. 가족 문제일 수도 있고, 전공이 안 맞는 걸 수도 있고…"

"정확해요. 그게 여러분이 할 일입니다. 에이전트는 패턴을 발견하지만, 사람을 이해하는 건 여러분이죠."

4주 동안 이들은 배웠다.

- 학습 심리학 기초

- 에이전트 데이터 해석법

- 효과적인 질문 기술

- 위기 학생 조기 발견

- 교수 연계 프로토콜

- 가장 중요한 것: "듣는 법"

"에이전트는 답을 줍니다." 웬디 교수가 강조했다.

"하지만 여러분은 질문을 이끌어내야 해요. 학생이 진짜 무엇을 원하는지, 무엇이 필요한지."

* * *

2026년 5월 22일, 금요일 오후 4시.

Learning Support Hub 오프닝 리허설.

새롭게 단장된 공간에 15명의 학습지원 전문가가 각자의 부스에 앉았다. 화면에는 Student Dashboard가 켜져 있었다.

린다 윌리엄스가 첫 번째 상담 시뮬레이션에 들어갔다.

■ 시뮬레이션 학생: 제이크 파머, 컴퓨터과학 2학년

- **에이전트 경고**
  - 알고리즘 과목 중간고사 D
  - 최근 2주간 에이전트 질문 패턴: 같은 개념 반복 질문
  - 수면 패턴 불규칙 (에이전트 사용 로그 기반)

린다가 (가상의) 제이크를 맞이했다.

"안녕하세요, 제이크. 앉으세요."

"안녕하세요…"

"요즘 어때요?"

"괜찮아요."

린다는 화면을 보지 않고 제이크를 똑바로 쳐다봤다.

"알고리즘 수업이 힘들다고 들었어요."

제이크(역할극 중인 학생)가 고개를 숙였다.

"네… 따라가기가 너무 어려워요."

"어떤 부분이 특히 어려운가요?"

"재귀 함수요. 에이전트한테 계속 물어보는데, 그때는 이해가 되는 것 같은데… 혼자 하려면 다시 막혀요."

린다는 천천히 고개를 끄덕였다.

"에이전트가 설명할 때는 이해되는데, 스스로 적용하기는 어렵다는 거네요?"

"네, 맞아요!"

"그럼 이렇게 해 볼까요? 에이전트한테 설명을 듣는 게 아니라, '왜 이 방법을 쓰는지' 물어보는 거예요. 그리고 다른 방법도 있는지 물어보고요."

"그게… 다른 가요?"

"많이 달라요. 설명을 듣는 건 수동적이지만 '왜'를 묻는 건 능동적이죠. 스스로 생각하게 해요."

리허설이 끝난 후, 웬디 교수가 피드백했다.

"완벽했어요, 린다. 당신은 제이크가 진짜 필요한 게 뭔지 찾아냈어요. '재귀 함수 설명'이 아니라 '스스로 생각하는 법'이었죠."

린다는 눈물이 글썽했다.

"저… 할 수 있을 것 같아요. 오히려 더 보람 있을 것 같고요."

"당연하죠. 이게 진짜 교육 지원입니다."

물리적 변화 (PhysiCAL Transformation)

2026년 5월 25일, 월요일 오전 7시.

여름방학 첫날. 캠퍼스 대공사가 시작됐다.

레베카와 로버트 존슨 시설관리국장은 캠퍼스를 걸으며 공사 현장을 점검했다.

"8주입니다. 8주 안에 12개 건물을 리모델링해야 해요."

"할 수 있나요?"

"솔직히… 살인적인 일정입니다. 하지만 해야죠."

첫 번째 현장: Liberal Arts Hall (인문대학 홀)

거대한 사인보드가 건물 정면에 있었다.

COLLEGE OF LIBERAL ARTS (인문대학) Founded 1952

크레인이 움직이기 시작했다. 천천히, 조심스럽게, 70년 된 사인보드가 건물에서 분리됐다. 캐서린 해리슨 학장이 멀찍이 서서 그 장면을 지켜봤다. 눈가가 촉촉했다. 레베카가 다가갔다.

"괜찮으세요?"

"아뇨."

캐서린이 솔직하게 답했다.

"전혀 괜찮지 않아요. 저 사인보드 아래서 30년을 일했거든요."

"후회하세요?"

"아니요. 다만… 작별 인사는 해야죠."

사인보드가 완전히 떼어졌다. 그 자리가 비었다.

"저기 뭐가 들어가나요?"

캐서린이 물었다.

"Learning Hub A: Ethical Leadership & Human Development입니다."

"더 길어졌네요."

레베카는 캐서린의 어깨에 손을 올렸다.

"캐서린 교수님, 저 사인을 떼어내는 건 역사를 지우는 게 아니에요. 역사를 이어가는 거예요. 1952년에 이 건물을 세웠을 때, 그들이 원했던 게 뭐였을까요?"

"교양 교육이요. Liberal arts."

"맞아요. 자유로운 인간을 기르는 교육. 그게 목적이었죠. 학과가 목적이 아니었어요. '문학과', '철학과'는 그 목적을 달성하는 수단이었을 뿐이고요."

캐서린은 천천히 고개를 끄덕였다.

"이제 우리는 그 원래의 목적으로 돌아가는 거예요. 자유로운 사고, 윤리적 판단, 인간에 대한 이해. 그게 Ethical Leadership이고 Human Development예요. 같은 목적, 새로운 이름. 시대에 맞는 언어로."

LEARNING HUB A

Ethical Leadership Cluster

Human Development Cluster

"예쁘네요. 그리고… 맞는 말씀이에요."

그가 잠시 생각하다가 덧붙였다.

"총장님, 제가 이 변화를 받아들이는 데 시간이 걸린 이유를 아세요?"

"말씀해 주세요."

"두려웠어요. 30년간 제 정체성이 '철학과 교수'였거든요. 그걸 빼앗긴다고 느꼈죠. 하지만 지금 깨달았어요. 제 정체성은 '철학과'가 아니라 '철학자'였어요. 그건 아무도 빼앗을 수 없죠."

"맞습니다."

레베카가 미소 지었다.

"그리고 이제 교수님은 더 많은 학생들에게 철학자가 될 수 있어요. Ethical Leadership을 배우는 경영학 학생에게도, Human Development를 공부하는 교육학 학생에게도."

* * *

같은 날 오후, Engineering Building.

여기는 더 극적인 변화가 일어나고 있었다.

내부 벽을 허물고 있었다. 기계공학과 실, 전기공학과 실, 컴퓨터과학과 실을 나누던 벽들.

공대학장이 현장을 돌아보고 있었다.

"이게… 진짜 되는 건가?"

그가 중얼거렸다.

데이비드가 태블릿으로 3D 렌더링을 보여 줬다.

■ Engineering Building → Innovation Complex

- **1층: Maker Space & Fab Lab**
  - 3D 프린터 20대
  - CNC 머신 8대
  - 전자공학 워크벤치 30개
  - 오픈 작업 공간 – 학과 구분 없음
- **2층: Project Hub**
  - 팀 프로젝트 룸 40개
  - 각 방에 에이전트 협업 시스템
  - 화이트보드, 프로토타이핑 도구
  - 예약제 운영
- **3층: 교수 Office & 연구실**
  - 교수 개인 office는 유지
  - 하지만 "소속 학과" 표시 제거
  - 대신 "참여 클러스터" 표시

"학생들이 어디로 가야 할지 모르지 않나요?"

공대학장이 걱정했다.

"그래서 이겁니다."

데이비드가 앱을 보여 줬다.

■ Harverston Navigator App 기능

- 실시간 공간 예약
- 교수 위치 찾기
- 프로젝트 룸 매칭
- 에이전트 통합 안내

"학생이 '유체역학 교수님 찾기'를 검색하면, 교수님의 현재 위치와 상담시간이 뜹니다. '팀 프로젝트 공간 필요'를 입력하면, 가능한 방을 즉시 보여 주고 예약까지 도와줘요."

학장은 감탄했다.

"Technology가 architecture를 바꿨네요."

"아니요."

데이비드가 정정했다.

"Philosophy가 architecture를 바꿨죠. 우리가 '학과 중심'에서 '학생 중심'으로 철학을 바꾸니까, 건물도 따라온 겁니다."

2026년 6월 15일.

Fine Arts Center.

또하나의 극적인 변화가 일어나는 곳이었다.

예술대학장은 공사 현장에 서서 눈물을 흘리고 있었다.

"우리 건물이… 사라지네요."

"사라지지 않아요. 진화하는 거예요."

레베카 총장이 위로했다.

■ Fine Arts Center → Creative Technology Hub

- **지하**
  - 전통 예술 공간 (보존)
  - 회화 스튜디오
  - 조각 작업실
  - 세라믹 가마실
  - 변화 없음 - 전통 예술 존중
- **1층**
  - 융합 창작 공간 (신설)
  - 디지털 아트 스튜디오
  - 3D 모델링 & 프린팅
  - VR/AR 크리에이티브 랩
  - 음악 기술 워크스테이션
- **2층: 음악 혁신 센터 (리모델링)**
  - 전통 연습실 10개 (유지)
  - 녹음 스튜디오 4개 (신설)
  - 오디오 엔지니어링 랩 (신설)
  - AI 협업 작곡 부스 20개 (신설)

- **3층: 공연 & 전시 공간 (업그레이드)**

    - 소극장 (리모델링)

    - 라이브 스트리밍 시설

    - 갤러리 (디지털 전시 가능)

"보세요, 학장님."

레베카가 설계도를 가리켰다.

"지하는 그대로예요. 전통 예술을 포기한 게 아니에요. 오히려 1층과 2층을 추가한 거죠."

"하지만… 순수 예술의 정체성이…"

"정체성은 건물이 아니라 사람이 만드는 거예요. 교수님이 계시고, 학생들이 여전히 그림 그리고 조각하고 음악 만들면, 정체성은 살아 있는 겁니다."

학장은 깊게 깊은 한숨을 쉬었다.

"알아요. 머리로는. 근데 마음이…"

"시간이 필요하시죠. 괜찮아요."

한 학생이 공사 현장 옆을 지나가다가 멈췄다. 소피 첸, 실용음악과 3학년.

"학장님! 저기 2층에 녹음 스튜디오 진짜 생겨요?"

"그럼!"

"대박! 저 작년에 녹음하려고 시내 스튜디오를 빌렸는데, 너무 비쌌어요. 이제 학교에서 할 수 있는 거예요?"

"그래… 무료로."

소피가 환호성을 질렀다.

"학장님 최고예요! 친구들에게 다 알릴게요!"

소피가 뛰어가는 모습을 보며, 학장은 조용히 웃었다.

"저 아이 표정 봤어요?"

"네."

"저런 표정이 답이겠죠."

* * *

2026년 7월 4일, 독립기념일.

공사는 계속됐다. 휴일도 없었다.

Memorial Library가 Learning Commons로 탈바꿈하고 있었다.

■ 기존 구조

- 서가 중심

- 조용한 열람실

- 사서 데스크

■ 새로운 구조

• 1층

- 에이전트 협업 구역

- 개인 부스 500개 (에이전트 전용 모니터 설치)

- 그룹 토론실 50개

- 24시간 운영

- 소음 허용 구역

- **2층**

  - 조용한 학습 공간 (기존 유지)

  - 전통적인 도서관 분위기

  - 에이전트 사용 가능하되 조용히

  - 개인 집중 공간

- **3층**

  - 교수 · 학생 상담센터 (신설)

  - 상담 부스 30개

  - 예약제 1:1 멘토링

  - 에이전트 학습 분석 데이터 활용

  - 교수 office hours 통합 관리

도서관장인 헬렌 박사는 처음에는 반대했었다.

"도서관은 책이 있어야 합니다!"

하지만 레베카 총장이 데이터를 보여 줬다.

■ **도서 대출 통계 (최근 5년)**

- 2020: 45,000권

- 2021: 38,000권

- 2022: 29,000권

- 2023: 21,000권

- 2024: 15,000권

"학생들이 물리적인 책을 덜 빌립니다. 대신…"

■ Digital Resource 사용

- 2020: 180,000회

- 2024: 890,000회 (495% 증가)

"학생들은 여전히 '학습 공간'이 필요해요. 다만 그 공간의 역할이 변한 거죠."

헬렌 박사는 결국 동의했다. 그리고 직접 설계에 참여했다.

"그래도 책은 남겨야 해요. 특별 컬렉션이라도."

그래서 1층 한쪽에 'Heritage Book Gallery'를 만들었다. 유리 케이스 안에 진귀한 책들과 대학 역사 관련 자료들.

"과거를 존중하되, 미래를 향해 가는 거예요."

레베카 총장이 말했다.

몇 주가 흘렀다. 레베카 총장은 캠퍼스를 걸으며 변화들을 확인했다.

- Old Main: Learning Support Hub 완성

- Engineering Building: Innovation Complex로 탈바꿈

- Fine Arts Center: Creative Technology Hub 거의 완성

각 건물에서 '학과' 이름이 사라지고 대신 '클러스터' 이름이 들어갔다.

학생들이 하나둘 캠퍼스로 돌아오기 시작했다. 그들의 반응은…

"완전 다른 학교 같아요!"

"대학이 아니라 테크 캠퍼스 같은데?"

"오히려 좋아. 더 현대적이잖아."

"우리 학과 사인은 어디 갔어요?"

"학과가 없어졌다니까!"

레베카는 학생회관 앞 벤치에 앉았다. 데이비드가 옆에 앉았다.

"힘드셨죠?"

"8주 동안 하루도 쉬지 못했어요. 근데… 해냈네요."

"물리적 변화는 끝났어요. 이제…"

"진짜 어려운 부분이 시작되죠."

"무엇이요?"

"사람들의 마음을 바꾸는 것."

교수 재배치 (Faculty Realignment)

2026년 7월 21일, 화요일 오전 9시.

하계 교수 워크샵. 메모리얼 홀 대강당.

240명의 교수 전원이 참석했다. 의무 참석이었다.

레베카 총장이 무대에 올랐다.

"교수님들, 오늘부터 2주간 여러분의 새로운 역할을 함께 만들어 갈 겁니다."

화면에 제목이 떴다.

"Teaching in the Age of Agents"

"학과 없는 대학에서 교수로 산다는 것"

"먼저 솔직하게 말씀드릴게요. 여러분 중 많은 분들이 불안하실 겁니다."

고개를 끄덕이는 교수들.

"'내 정체성은 무엇인가?', '학과가 없으면 나는 누구인가?', '학생들이 나를 어떻게 찾나?'… 맞죠?"

"맞습니다."

한 교수가 말했다.

"그래서 우리는 명확히 할 겁니다. 여러분의 새로운 소속과 역할에 대하여…"

레베카가 잠시 숨을 고르고 말을 이었다.

"하지만 그 전에, 먼저 이 질문부터 시작하고 싶어요. 여러분은 왜 교수가 되셨나요?"

침묵.

"제가 먼저 답할게요. 저는 학생들이 성장하는 걸 보고 싶어서 교수가 됐어요. 어떤 학생이 제 수업을 듣고 '세상을 다르게 보게 됐어요'라고 말할 때, 그게 제 보람이었어요."

몇몇 교수들이 천천히 고개를 끄덕였다.

"여러분도 비슷하실 거예요. 우리는 학과 때문에 교수가 된 게 아니에요. 학생 때문에 교수가 된 거죠. 학과는 우리를 조직하는 방식이었을 뿐, 우리의 목적은 아니었어요."

"하지만 학과가 없으면…"

한 교수가 말을 시작했다.

"우리의 목적이 더 명확해집니다."

레베카 총장이 끊어 말했다.

"이제 우리는 '물리학과 교수'가 아니라 '물리학을 가르치는 교수'예요. 미묘한 차이 같지만, 엄청난 차이지요."

데이비드가 시스템을 열었다.

Faculty Cluster Assignment System (교수 클러스터 배정 시스템)

"각 교수님은 자신의 전문성과 관심사에 따라 2~3개 클러스터에 소속됩니다. 캐서린 학장님의 경우입니다."

■ 캐서린 해리슨 교수 (철학)

- **Primary Cluster (50%)**

  – Ethical Leadership Cluster

- **Secondary Cluster (30%)**

  – Human Development Cluster

- **Tertiary Cluster (20%)**

  – Communication & Language Cluster

- **담당 과목**

  – Ethics in AI (Ethical Leadership)

  – Critical Thinking (Human Development)

  – Philosophical Writing (Communication)

"캐서린 교수님은 여전히 철학 교수예요. 하지만 이제 세 개의 클러스터에서 가르치시죠. 왜? 철학이 세 영역 모두에 필요하니까요."

캐서린이 조심스럽게 손을 들었다.

"세 곳을 다 돌아다녀야 하나요?"

"아니요. 오피스는 하나예요. 다만 여러분이 가르치는 학생들의 배경이 다양해지는 거죠. Ethical Leadership을 공부하는 경영학 학생, Human Development를 배우는 교육학 학생, Communication을 익히는 언론학 학생 모두가 캐서린 교수님의 철학 수업을 들을 수 있어요."

캐서린이 생각에 잠겼다.

"그럼… 제 수업은 더 흥미로워지겠네요. 다양한 배경의 학생들이 다른 관점을 가져오니까."

"정확합니다!"

레베카가 환하게 웃었다.

"그게 우리가 원하는 거예요. 교실이 다양한 생각의 교차점이 되는 것."

* * *

Day 1: 에이전트 기초 워크숍

웬디 황 교수가 강의를 진행했다.

"교수님들, 노트북 켜주세요. 각자의 티칭 에이전트에 로그인하세요."

240개의 화면에 에이전트 인터페이스가 떴다.

"이게 여러분의 새로운 동료입니다. Teaching Assistant 에이전트, 줄여서 TA-에이전트라고 부를 거예요."

"에이전트가 조교라고요?" 한 교수가 회의적으로 말했다.

"정확히는 '지능형 파트너'죠. 하지만 주종 관계를 명확히 해야 해요. 누가 주인일까요?"

"우리요?"

한 교수가 조심스럽게 답했다.

"아니요."

웬디 교수가 웃었다.

"학생이요."

교수들이 웅성거렸다.

"생각해 보세요. 교수는 무엇을 위해 존재하나요? 학생의 배움을 위해서죠. 에이전트는 무엇을 위해 존재하나요? 역시 학생의 배움을 위해서죠. 그럼 우리 둘은 동료예요. 같은 목적을 가진 파트너."

■ **Course: Educational Psychology (Fall 2026)**

Enrolled Students: 47

- **학습 패턴 요약**

  - 평균 수업 전 예습 시간: 1.2시간 (에이전트 활용)

  - 가장 어려워하는 주제: Piaget vs Vygotsky 비교

  - 가장 많이 질문하는 개념: Zone of Proximal Development

  - 에이전트 의존도: 중간 (건강한 수준)

- **경고 알림**

  - 3명의 학생이 최근 2주간 수업 불참 + 에이전트 사용 급감

  - 조기 개입 권장

교수들이 탄성을 질렀다.

"이걸 에이전트가 자동으로 해 줘요?"

"네, 그리고 더 있어요."

웬디 교수가 계속했다.

"TA-에이전트에게 과제를 맡길 수도 있어요."

그녀가 데모를 시연했다.

» 웬디: 다음 주 수업은 Constructivism(구성주의)에 대해서인데, 학생
들이 미리 알아야 할 배경지식이 뭐야?

» TA-에이전트: 분석

• 학생별 배경지식 수준 분석 완료

– Group A (15명): Piaget 이론 충분히 이해, Constructi-
vism 바로 진입 가능

– Group B (23명): Piaget 기초는 있으나 보충 필요

– Group C (9명): 기초 개념부터 재학습 필요

• 추천

– Group A: Advanced reading materials 제공

– Group B: Pre-class micro-lecture (에이전트 제공)

– Group C: 1:1 보충 세션 또는 튜터링

"와…"

교수들이 감탄했다.

"이렇게 하면 모든 학생을 그들의 수준에서 가르칠 수 있어요. 교
수님은 전체를 위한 강의를 하시고, 에이전트가 개인화를 담당하는
거죠."

Day 3: 새로운 교수법 워크숍

주제: "Flipped Classroom with 에이전트"

교수들이 그룹으로 나뉘어 실습했다.

- **전통적 강의**

  – 교수가 50분간 설명

  – 학생들은 듣기만

  – 질문은 나중에

- **에이전트 활용 Flipped 강의**

  – 학생들이 수업 전 에이전트와 함께 기본 개념 학습

  – 교수는 강의실에서 토론, 심화, 응용에 집중

  – 에이전트는 실시간으로 이해도 체크, 교수에게 피드백

토머스 라이트 교수가 회의적이었다.

"학생들이 진짜 예습을 할까요, 에이전트가 있다고?"

"실험해 봤습니다."

데이비드가 데이터를 보여 줬다.

■ Pilot Study (Spring 2026, 5개 과목)

- **전통적 강의**

  – 예습률: 23%

  – 수업 이해도: 평균 68%

- **에이전트 지원 Flipped**

  – 예습률: 81%

  – 수업 이해도: 평균 84%

"왜 예습률이 올라갔을까요?"

"에이전트가 재미있게 가르쳐서?"

한 교수가 추측했다.

"부분적으로 맞아요. 하지만 핵심은 '책임감'이에요."

데이비드가 설명했다.

"에이전트는 학생이 예습을 했는지 기록해요. 그리고 수업 시작할 때 교수님께 리포트를 줘요. '누가 준비했고 누가 안 했는지' 학생들도 이걸 알아요."

"그럼 안 한 학생은 어떡해요?"

"교수님이 수업 시작할 때 '오늘 예습 안 한 친구들, 손들어 봐요'라고 물어보세요. 그럼…"

"부끄러워서라도 하겠네요."

"정확합니다. 그리고 에이전트는 '왜' 안 했는지도 분석해요. 게으름인지, 이해가 안 돼서인지, 아니면 다른 문제가 있는지."

Day 7: 에이전트와 함께 수업 설계하기

교수들이 실제로 자신의 수업을 재설계했다.

■ 토머스 라이트 교수 (수학)의 사례

- **기존: Linear Algebra (선형대수학)**

  - Week 1: 벡터와 행렬

  - Week 2: 선형변환

  - Week 3: 고유값과 고유벡터 …

- **문제점**

  - 모든 학생에게 같은 진도

  - 이해 안 돼도 계속 진행

  - 낙오자 속출

- **에이전트 활용 재설계**

  - Module 1: Vectors & Matrices

  - Pre-class: 에이전트와 함께 기본 개념 학습

  - In-class: 응용 문제, 그룹 토론

  - Post-class: 에이전트가 개인 맞춤 연습문제 제공

- **평가 방식**

  - 이해도 기반 (속도 아님)

  - 에이전트가 학생별 진도 추적

  - "준비되면" 다음 모듈로 (시험 통과해야 함)

- **결과 예측**

  - 빠른 학생: 12주만에 전체 과정 완료

  - 평균 학생: 15주 (원래와 비슷)

  - 느린 학생: 18주 (하지만 확실히 이해)

"모두가 다른 속도로 배우는 건 괜찮나요?"

라이트 교수가 물었다.

"오히려 좋아요."

웬디 교수가 답했다.

"중요한 건 '언제' 배우느냐가 아니라 '제대로' 배우느냐니까요."

Day 14: 최종 발표

각 교수가 자신의 "에이전트 협업 수업 계획"을 발표했다.

■ 캐서린 해리슨 교수 - Ethics in AI

- **수업 구조**
  - 사전 학습 (에이전트 기반)
  - 윤리 이론 기초
  - AI 기술 개요
- **수업 시간**
  - 실제 AI 윤리 딜레마 토론
  - "만약 당신이 CEO라면?" 시뮬레이션
  - 학생들의 의견 충돌 유도
- **사후 활동 (에이전트 기반)**
  - 개인별 윤리 framework 개발
  - 에이전트와 소크라테스식 대화
  - 다른 학생 의견에 대한 비평
- **교수의 역할**
  - 질문 던지기
  - 토론 촉진
  - 윤리적 사고의 깊이 평가
- **에이전트의 역할**
  - 지식 제공
  - 개별 대화 상대

　　　　– 사고 과정 추적

"멋집니다."

레베카가 칭찬했다.

"에이전트가 정보를 주고, 교수님은 지혜를 촉발하는 거네요."

"정확합니다."

캐서린이 자신 있게 답했다.

■ 다니엘 브라운 교수 - Music Technology & Production

• 수업 구조

　　　– 기술 학습 (에이전트 주도)

　　　– DAW 사용법

　　　– 오디오 엔지니어링 기초

　　　– 믹싱 & 마스터링 기법

• 수업 시간

　　　– 실제 프로듀싱 워크샵

　　　– 학생 작품 비평

　　　– "왜 이 사운드가 감동적인가?" 토론

• 프로젝트

　　　– 개인 EP 제작 (3곡)

　　　– 에이전트가 기술 지원

　　　– 교수가 예술적 방향성 멘토링

• 평가

- 기술 숙련도: 30% (에이전트 평가)

- 창의성: 40% (교수 평가)

- 예술적 표현: 30% (peer + 교수)

"기술은 에이전트가 가르치고, 예술혼은 제가 가르칩니다."

다니엘이 설명했다.

패트리셔 윌리엄 음악대학장이 눈물을 글썽이며 말했다.

"다니엘, 이게 진짜 음악 교육이에요. 기술에 갇히지 않고, 예술성을 키우는…"

워크숍이 끝난 후, 교수들의 피드백이 있었다.

"처음엔 에이전트가 날 대체할까 봐 두려웠는데, 오히려 날 더 나은 교수로 만들어 주네요."

"학생 개개인을 신경 쓸 시간이 생겼어요. 예전엔 강의 준비하느라 바빴는데…"

"에이전트는 내 조교가 아니라 내 파트너예요."

레베카는 교수들의 변화를 보며 안도했다.

'첫 번째 관문은 넘었어.'

신입생 맞이 (First Cluster-Based Intake)

2026년 8월 24일, 월요일 오전 8시.

신입생 오리엔테이션. 메모리얼 홀 대강당.

854명의 신입생이 앉아 있었다. 2026년 가을 입학생들. 이들은 특별했다.

- 하버스톤 대학교 역사상 첫 "클러스터 기반" 입학생
- 학과가 아닌 "관심 역량"으로 지원한 학생들
- 에이전트와 함께 대학 생활을 시작하는 첫 세대

레베카가 무대에 올랐다.

"신입생 여러분, 환영합니다. 여러분은 역사를 만들고 있습니다."

신입생들이 서로를 쳐다봤다.

"여러분은 학과 없이 입학한 첫 학생들이고, 여러분 각자는 고유한 학습 여정을 가질 거예요."

화면에 슬라이드가 떴다.

■ 입학 통계

- **전통적 학과 지원**: 0명 (학과가 없으므로)
- **클러스터별 관심 분야 (중복 허용)**

- Computational Thinking: 312명

- Creative Expression: 267명

- Human Development: 198명

- Scientific Inquiry: 284명

- Social Innovation: 176명

- Communication & Language: 145명

- Quantitative Reasoning: 201명

- Ethical Leadership: 234명

"보세요. 많은 학생들이 여러 클러스터에 관심을 표시했어요. 그게 정상입니다. 여러분은 한 가지만 배우러 온 게 아니니까요."

헨리 브라운, 신입생 대표가 조심스럽게 손을 들었다.

"총장님, 그럼 우리 전공은 뭐예요?"

"여러분이 만듭니다."

"네?"

"헨리, 네가 관심 있는 분야가 뭘까?"

"AI 윤리요."

"좋아. 그럼 네 전공은 이렇게 될 거야."

화면에 예시가 나타났다.

■ **헨리 브라운의 맞춤형 학습 경로 (예시)**

• **Primary Competency (40%)**

- Ethical Leadership Cluster

- 윤리학, 철학, AI 윤리

- **Secondary Competency (35%)**

  - Computational Thinking Cluster

  - 프로그래밍, AI/ML 기초

- **Tertiary Competency (25%)**

  - Communication & Language Cluster

  - 글쓰기, 프레젠테이션, 정책 문서 작성

- **졸업 프로젝트 (Capstone)**

  - "AI Decision-Making Ethics Framework"

"이게 네 전공이야. '헨리 브라운 전공'이지."

학생들이 웅성거렸다.

"전부 다른 전공이라는 건가요?"

"맞아요. 854명이면 854개의 전공이 있어요. 물론 비슷한 조합도 많겠지만, 중요한 건 각자의 고유성이에요."

데이비드가 무대로 나왔다.

"여러분, 자신의 폰을 꺼내 주세요. 'Harverston Agent' 앱 다운받으세요."

학생들이 앱스토어를 열었다.

"이 앱이 여러분의 4년간 동반자입니다. 이름을 'ALAN'이라고 붙였어요. Adaptive Learning & Advisory Network."

앱이 설치되자, 환영 메시지가 떴다.

» ALAN: 안녕하세요! 저는 당신의 학습 파트너 ALAN입니다. 함께 4년간 여행을 떠나 볼까요? 먼저, 당신에 대해 알려 주세요.

　－ 당신의 꿈은 무엇인가요?

　－ 가장 잘하는 것은?

　－ 배우고 싶은 것은?

　－ 졸업 후 무엇을 하고 싶나요?

　－ 어떤 방식으로 배우는 걸 좋아하나요?

학생들이 답변을 입력했다.

레베카 총장이 다시 나섰다.

"여러분, 중요한 걸 말씀 드릴게요. ALAN은 여러분의 'GPS'예요. 목적지를 제안하고, 길을 안내하죠. 하지만 운전은 여러분이 해요. 언제든 다른 길로 갈 수 있고, 목적지를 바꿀 수도 있어요."

한 학생이 물었다.

"그럼 ALAN이 틀릴 수도 있나요?"

"물론이에요. ALAN은 데이터와 패턴을 기반으로 제안해요. 하지만 자신을 가장 잘 아는 건 여러분이에요. ALAN의 제안이 이상하면, 무시하세요. 아니면 '왜 이렇게 제안했니?'라고 물어보세요."

데이비드가 덧붙였다.

"그리고 여러분, ALAN과의 관계에 대해 하나 더. ALAN은 도구예요. 아주 똑똑한 도구지만, 여전히 도구죠. 여러분을 대신하는 게 아니에요. 여러분을 증폭하는 거예요."

"무슨 뜻이에요?"

한 학생이 물었다.

"여러분의 호기심을 증폭하고, 여러분의 질문을 확장하고, 여러분의 잠재력을 실현하게 도와줘요. 하지만 주인공은 항상 여러분이에요."

* * *

2026년 8월 25일, 첫 수업 날.
올리비아 가르시아는 떨리는 마음으로 첫 수업에 들어갔다.

- PHIL 101: 철학 입문 Introduction to Philosophical Thinking
- Location: Learning Hub A, Room 204
- Professor: Catherine Harrison

20명의 학생이 원형으로 앉아 있었다. 전통적인 강의실 배치가 아니었다.

캐서린 교수가 들어왔다.

"환영합니다. 이 수업은 철학 입문이에요. 하지만 여러분이 예상하는 수업은 아닐 겁니다."

"어떻게 다른가요?"

한 학생이 물었다.

"일단, 내가 강의를 거의 안 해요."

"네?"

"여러분의 에이전트, ALAN이 이미 철학 기초를 가르쳤을 거예요. 맞죠?"

학생들이 천천히 고개를 끄덕였다. 지난 주, ALAN이 사전 학습 자료를 제공했었다.

"그럼 이 시간엔 뭘 하나요?"

"생각합니다, 함께."

캐서린이 질문을 던졌다.

"여러분 모두 ALAN이라는 AI 에이전트를 갖고 있죠. ALAN은 여러분에게 조언하고, 가르치고, 도와줘요. 그런데… ALAN에게 '자유의지'가 있을까요?"

침묵.

"ALAN한테 물어봐도 돼요?"

한 학생이 조심스럽게 물었다.

"나중에. 먼저 여러분이 생각해 보세요."

학생들이 서로를 쳐다봤다.

올리비아가 조심스럽게 손을 들었다.

"제 생각에는… 없는 것 같아요. ALAN은 프로그램이니까. 정해진 알고리즘을 따를 뿐이죠."

"좋은 시작이에요. 다른 의견은?"

"저는 다르게 생각해요."

헨리가 말했다.

"ALAN이 저한테 제안을 하잖아요. 'A 수업을 들을래, 아니면 B 수업?' 이렇게. 그럼 ALAN도 선택을 하는 거 아닌가요?"

"그건 선택이 아니라 계산 아닐까요?"

올리비아가 반박했다. 토론이 시작됐다. 캐서린 교수는 거의 말하지 않았다. 가끔 질문만 던졌다.

"선택과 계산의 차이는 뭘까요?"

"자유의지의 조건은 무엇일까요?"

"우리 인간의 선택은 정말 '자유'로울까요?"

50분이 순식간에 지나갔다.

"오늘은 여기까지."

캐서린이 말했다.

"집에 가서 ALAN한테 물어보세요. '너한테 자유의지가 있니?'라고. 그리고 ALAN의 대답을 다음 시간에 가져오세요."

수업이 끝난 후, 올리비아는 ALAN에게 물었다.

> » **올리비아**: ALAN, 너한테 자유의지가 있어?

> » ALAN: 흥미로운 질문이네요, 올리비아. 제가 '자유의지'를 갖고 있는지는 정의에 달렸어요. 만약 자유의지가 '인과 사슬에서 벗어난 선택'을 의미한다면, 저는 없어요. 제 모든 출력은 알고리즘과 데이터의 결과니까요. 하지만 만약 자유의지가 '여러 옵션 중 하나를 선택할 능력'을 의미한다면, 어떤 의미에서는 있다고 할 수도 있어요. 저는 매번 여러 가능한 응답 중 하나를 '선택'하니까요.
>
> 그런데 올리비아, 되묻고 싶어요. 인간의 선택도 결국 뇌의 신경화학 작용의 결과 아닌가요? 그럼 인간도 자유의지가 없는

걸까요? 어떻게 생각하세요?

올리비아는 화면을 멍하니 바라봤다.

'이거… 답보다 질문이 더 많아지는데?'

그리고 깨달았다.

'이게 철학이구나.'

파일럿 클러스터 가동 (Pilot Clusters Launch)

2026년 9월 15일, 화요일.

3주간의 수업이 끝났다. 초기 혼란은 여전했지만, 시스템이 작동하기 시작했다. 레베카는 3개 파일럿 클러스터의 진행 상황을 점검했다.

■ Pilot 1: Creative Expression Cluster

- **코디네이터**: 패트리셔 윌리엄 교수
- **등록 학생**: 267명 (신입생) + 89명 (재학생 전환)
- **진행 중인 프로젝트**
  - AI 협업 음악 작곡: 23개 팀
  - 디지털 아트 & 3D 모델링: 31개 팀
  - 영상 제작 & 편집: 18개 팀
  - 통합 예술 프로젝트: 12개 팀
- **성과**
  - 학생 만족도: 91%
  - 프로젝트 진행률: 평균 78%
  - 에이전트 활용도: 높음 (일평균 5.2시간)
- **문제점**
  - 일부 전통 예술 교수의 적응 어려움

– 기술 도구 부족 (3D 프린터 대기 시간 긺)

– 학생 간 기술 격차 (코딩 경험 유무)

패트리셔 윌리엄 학장이 보고했다.

"전반적으로 잘 되고 있어요. 학생들이 정말 신나서 해요. 다만…"

"다만?"

"일부 교수님들이 여전히 불편해 해요. 특히 순수 예술 전공 교수님들. '기술이 예술을 침범한다'고 느끼시는 것 같아요."

"어떻게 도와드릴까요?"

"시간이 필요할 것 같아요. 그리고… 학생들의 작품을 보여드리는 게 최고예요."

패트리셔가 한 프로젝트를 보여 줬다.

■ 프로젝트: "Bach Meets AI"

- **학생**: 소피 첸 (음악) + 마커스 터너 (컴과)
- **내용**

  – 바흐 스타일 AI 작곡 모델 개발

  – 소피가 바흐 음악 이론 분석

  – 마커스가 AI 알고리즘 구현

  – 결과: 바흐 스타일의 새로운 푸가 작곡

"이걸 작곡과 교수님들께 들려드렸어요. 처음엔 '이건 진짜 음악이 아니다'라고 하셨어요. 근데 소피가 설명하더라고요. 'AI가 작곡했지만, 바흐를 이해한 건 저예요. AI는 제 도구일 뿐'이라고."

"반응이 어떠셨어요?"

"…인정하셨어요. '소피가 바흐를 정말 깊이 공부했구나'라고. 그리고 한 교수님이 말씀하시더라고요. '사실 바흐도 당시 최첨단 기술인 템퍼드 튜닝을 사용했잖아. 기술과 예술은 항상 함께였어'라고."

레베카는 미소를 지었다.

"학생들이 증명하는 거네요. 말이 아니라 작품으로."

* * *

■ Pilot 2: Human Intelligence Cluster

- **코디네이터**: 캐서린 해리슨 교수
- **등록 학생**: 198명 (신입생) + 124명 (재학생 전환)
- **진행 중인 연구/프로젝트**
  - AI 윤리 딜레마 시뮬레이션: 15팀
  - 디지털 인문학 (텍스트 분석): 21팀
  - 교육 혁신 프로젝트: 18팀
  - 심리학 & AI 융합 연구: 12팀
- **성과**
  - 에세이 품질: 전년 대비 평균 18% 향상
  - 비판적 사고 점수: 평균 84/100

– 학생 · 교수 1:1 상담: 주평균 2.3회 (전년 0.8회)

- **문제점**

  – 에이전트 과의존 우려 (일부 학생)

  – "정답"을 원하는 학생들의 불편함

  – 평가 기준의 모호함

캐서린 교수가 보고했다.

"가장 큰 도전은 학생들의 마인드셋이에요."

"어떤 면에서요?"

"학생들은 12년간 '정답 찾기' 교육을 받았어요. 근데 철학이나 윤리는 정답이 없잖아요. 처음엔 당황해요."

"어떻게 도와주나요?"

"에이전트를 활용해요. 학생이 에이전트한테 '이 윤리 문제의 답이 뭐야?'라고 물으면, 에이전트는 '여러 관점이 있어요'라고 답하도록 프로그래밍했어요. 그리고 '당신은 어떻게 생각하세요?'라고 되묻게 했죠."

"효과가 있나요?"

"놀랍도록요. 학생들이 처음엔 짜증내다가, 점점 스스로 생각하기 시작해요."

캐서린이 학생 에세이를 보여 줬다.

■ 에세이: "AI 자율주행차의 트롤리 딜레마"

- **학생**: 제임스 윌슨

"처음에 저는 에이전트한테 '정답'을 물어봤습니다. 에이전트는 공리주의, 의무론, 덕 윤리의 관점을 모두 설명해 줬어요. 하지만 '어떤 게 맞냐'고 물었을 때, 에이전트는 '당신이 결정해야 합니다'라고 했습니다.

처음엔 화가 났습니다. 'AI니까 답을 알 텐데 왜 안 알려 주지?' 하지만 며칠을 고민하면서 깨달았습니다. 이 문제에는 '객관적 정답'이 없다는 것을.

그래서 저는 제 나름의 프레임워크를 만들었습니다…"

"이거 보세요." 캐서린이 자랑스러워했다.
"제임스는 답을 찾은 게 아니라 '답을 찾는 방법'을 찾았어요."

■ Pilot 3: Data Innovation Cluster

- **코디네이터**: 수잔 마르티네즈 교수
- **등록 학생**: 312명 (신입생) + 156명 (재학생 전환)
- **진행 중인 프로젝트**
  - 비즈니스 데이터 분석: 42팀
  - 머신러닝 응용: 38팀
  - 시각화 & 대시보드: 29팀
  - 사회 문제 데이터 연구: 27팀
- **성과**
  - 프로그래밍 숙련도: 평균 3개월 만에 기대 수준 도달
  - 팀 프로젝트 완성도: 높음

　　– 기업 관심: 지역 4개 기업에서 인턴 요청

- **문제점**

　　– 수업 간 중복 (통계, 컴과, 경영에서 비슷한 내용)

　　– 학생 업무 과부하 (프로젝트가 너무 많음)

　　– 일부 전통 교수의 저항 (경영대)

수잔 교수가 보고했다.

"학생들은 너무 잘하고 있어요. 문제는 교수들 간의 조율이에요."

"예를 들면?"

"통계학과 교수님이 '회귀분석'을 가르치는데, 경영학과 교수님도 '마케팅 분석'에서 회귀분석을 가르쳐요. 학생들은 같은 내용을 두 번 배우게 되는 거죠."

"해결책은?"

"교수님들끼리 수업 내용을 조율해야 해요. 그래서 매주 'Cluster Faculty Meeting'을 시작했어요."

"효과가 있나요?"

"초기에는 저항이 있었어요. '내 수업에 간섭하냐'고. 하지만 에이전트가 도와줬어요."

"어떻게요?"

"Teaching 에이전트가 모든 수업의 커리큘럼을 분석해서 중복을 찾아냈어요. 그걸 보여드리니까 교수님들도 인정하시더라고요."

레베카가 데이터를 보여 줬다.

■ 수업 내용 중복 분석 (Data Innovation Cluster)

- **중복률 60% 이상**
  - 통계학 개론 vs 데이터 분석 기초
  - 프로그래밍 입문 vs 컴퓨팅 사고
- **중복률 30~60%**
  - 머신러닝 vs 예측 모델링
  - 데이터베이스 vs 정보 시스템

"이걸 보고 교수님들이 역할을 나눴어요. 통계학과 교수님은 '이론'을, 경영학과 교수님은 '응용'을 가르치기로."

"학생들 반응은?"

"훨씬 좋아졌죠. 시간 낭비가 줄고, 배우는 깊이는 늘었으니까요."

＊ ＊ ＊

2026년 10월 5일, 월요일 오후 3시.

1개월 평가 회의. 레베카 총장의 집무실.

데이비드, 3명의 클러스터 코디네이터, 그리고 학생 대표들이 모였다.

"솔직하게 얘기해 봅시다."

레베카가 운을 뗐다.

"뭐가 잘 되고, 뭐가 안 되고 있나요?"

■ **잘 되는 것**

- **학생 참여도**
  - 출석률: 94% (전년 83%)
  - 과제 제출률: 96% (전년 79%)
  - 학생 만족도: 87%
- **에이전트 활용**
  - 효과적 사용 비율: 68%
  - 학습 효율성: 평균 34% 향상
- **교수-학생 관계**
  - 1:1 상담 증가: 185%
  - 학생들의 "교수님이 나를 안다" 체감: 78%

■ **안 되는 것**

- **혼란**
  - "내 전공이 뭐야?" 질문: 여전히 많음
  - 수강신청 복잡도: 높음
  - 학생 간 정보 격차
- **교수 적응**
  - 20%의 교수가 여전히 불편함
  - 학과 간 조율 어려움
  - 에이전트 활용 미숙
- **시스템 오류**
  - 에이전트 버그: 주 2~3건

- 수강신청 시스템 지연

- 강의실 배정 실수

학생 대표가 말했다.

"솔직히, 처음 2주는 지옥이었어요. 아무것도 모르겠고, 다들 헤매고…"

"지금은?"

"적응했어요. ALAN이 많이 도와줬고. 그리고… 오히려 재밌어요. 내가 내 공부를 디자인한다는 게."

"가장 힘든 점은?"

"선배가 없다는 거요. 우리가 첫 세대니까, 물어볼 사람이 없어요. '이렇게 하면 되나요?'라고."

레베카는 천천히 고개를 끄덕였다.

"맞아요. 여러분은 개척자예요. 쉽지 않죠."

"하지만," 수잔이 끼어들었다.

"그게 오히려 좋아요. 우리가 길을 만드는 거잖아요."

* * *

2026년 10월 15일.

레베카 총장은 이사회에 중간 보고를 했다.

"지난 2개월, 우리는 불가능해 보이는 일을 해냈습니다."

화면에 타임라인이 나타났다.

- **May: 행정 혁명 완료**
  - 37개 사무실 → 1개 허브
  - 29명 재배치 100% 성공
- **June~July: 캠퍼스 물리적 변화**
  - 12개 건물 리모델링
  - 학과 → 클러스터 전환
- **July: 교수 재교육**
  - 240명 전원 워크숍 이수
  - 에이전트 협업 교수법 습득
- **August: 신입생 오리엔테이션**
  - 854명 첫 클러스터 기반 입학
  - Personal 에이전트 (ALAN) 배정
- **September: 파일럿 가동**
  - 3개 클러스터 운영 중
  - 초기 성과 확인

"물론 문제도 많습니다."

레베카가 솔직하게 인정했다.

"하지만 우리는 배우고 있어요, 매일."

이사장이 물었다.

"리스크는 없습니까? 만약 이게 실패하면?"

"리스크는 있습니다. 하지만 '아무것도 안 하는 것'의 리스크가 더 큽니다."

레베카가 마지막 슬라이드를 보여 줬다.

■ 우리의 선택

- **옵션 A: 전통 유지**

  - 예상 결과: 5년 내 지원율 40% 추가 하락

  - 10년 내 재정 위기

- **옵션 B: 변화 주도**

  - 현재 상태: 불확실하지만 희망적

  - 예상 결과: 교육 혁신 선도 대학

"우리는 B를 선택했어요. 그리고 지금까지는 잘 진행되고 있습니다."

이사회는 박수로 답했다.

회의가 끝나고, 레베카는 캠퍼스를 걸었다. Learning Hub A에서 불빛이 새어 나왔다. 학생들이 늦게까지 공부하고 있었다. Innovation Complex에서는 프로젝트를 하는 학생들의 웃음소리가 들렸다. Creative Technology Hub에서는 누군가가 피아노를 치고 있었다. 클래식과 전자음악이 섞인 아름다운 멜로디.

'우리가 해내고 있다.'

레베카는 혼자 중얼거렸다.

'아직 시작일 뿐이지만, 우리는 해내고 있는 중.'

제7장: 새로운 도전

NEW CHALLENGES

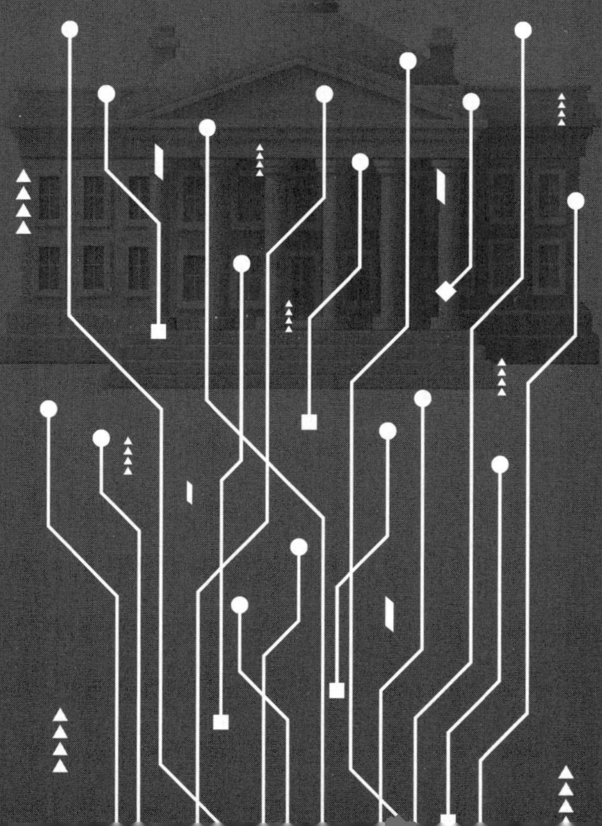

의존성의 그림자

2026년 11월 17일, 화요일 오후 3시.

Learning Commons 3층 상담실.

상담 전담인 마이클 데이비스 교수는 한 학생과 마주 앉아 있었다. 마크 테일러, Computational Thinking 클러스터 2학년이었다.

"교수님…"

마크의 목소리가 작았다. 떨렸다.

"저… 문제가 생겼어요."

그는 고개를 들지 않았다. 후드 밑에서 목소리만 나왔다.

마이클 교수는 기다렸다. 재촉하지 않았다. 학생이 말할 준비가 될 때까지.

마크의 목소리는 떨리고 있었다. 울음이 섞인 것 같았다.

"무슨 일인데, 마크?"

"제가…"

마크는 말을 멈췄다. 숨을 깊이 들이마셨다.

"에이전트 없이는 아무것도 못하겠어요."

마지막 말은 거의 속삭임이었다. 고백. 부끄러운 고백.

마이클 교수는 조심스럽게 물었다.

"구체적으로 어떤 점이?"

"알고리즘 과제요. 에이전트가 힌트를 주면 풀 수 있는데, 에이전트 없이 처음부터 혼자 하려니까… 막막해요. 머릿속이 하얘져요."

마크는 손으로 얼굴을 감쌌다.

두 손으로 완전히. 마치 숨고 싶은 것처럼.

그의 어깨가 떨렸다. 울고 있는 것 같았다.

마이클 교수는 조용히 티슈 박스를 그에게 밀어줬다.

"더 심각한 건, 제가 에이전트의 제안이 맞는지 틀렸는지도 판단을 못하겠어요. 그냥 에이전트가 시키는 대로 하게 돼요."

마이클 교수는 노트북을 열었다.

마크의 에이전트 사용 로그에 접속했다. 모든 상담 교수는 접근 권한이 있었다. 학생 동의 하에.

화면에 숫자들이 나타났다.

마이클 교수는 숨을 멈췄다.

데이터는 충격적이었다.

■ 마크 테일러 에이전트 사용 통계 (최근 30일)

- 일평균 상호작용: 487회
- 일평균 사용 시간: 11.2시간
- 에이전트 제안 수용률: 94.3%
- 에이전트 없이 문제 해결 시도: 2.1%

"11시간…"

마이클 교수는 화면을 다시 봤다. 잘못 본 건가?

"하루에?"

그는 마크를 봤다. 믿을 수 없다는 표정.

"네, 아침에 일어나면 에이전트한테 물어봐요. '오늘 뭐 해야 하지?' 수업 들을 때도 에이전트가 실시간으로 설명해 주고요. 과제할 때는 거의 계속 대화하면서…"

"친구들과는?"

마크가 고개를 깊이 숙였다.

"요즘 잘 안 만나요. 에이전트랑 있는 게 편해요. 에이전트는 제가 뭘 물어봐도 항상 답해 주니까요. 친구들은… 때로는 바쁘다고 하잖아요."

마이클 교수는 깊은 한숨을 쉬었다. 마음이 무거웠다.

마크만의 문제가 아니었다. 지난 2주간 비슷한 상담이 12건이나 있었다.

12명의 학생. 12개의 고립된 세계. 12명이 에이전트에게 갇혀 있었다.

"우리가… 뭘 만든 거지?"

그는 혼잣말을 했다.

* * *

그날 밤, 데이비드의 연구실.

레베카 총장, 데이비드, 마이클 데이비스 교수, 그리고 캐서린 모로우 교수.

네 사람이 작은 원탁에 둘러앉았다. 노트북들이 열려 있었다. 데이터가 화면에 가득했다.

레베카는 커피를 마시고 있었다. 식은 커피. 다섯 번째 잔이었다.

데이비드는 안경을 벗어 닦고 있었다. 팔짱을 낀 마이클은 표정이 어두웠다. 캐서린은 노트에 뭔가를 적고 있었다. 펜을 쥔 손에 힘이 들어가 있었다.

"문제의 규모를 파악했습니다."

데이비드가 데이터를 공유했다.

■ 에이전트 과의존 패턴 (전체 학생 3,847명 분석)

- **Group A – 건강한 사용 (68%)**

  – 일평균 2~4시간 사용

  – 스스로 문제 해결 시도 → 에이전트에게 검증 요청

  – 주말 사용 감소 (사회활동 증가)

- **Group B – 주의 필요 (24%)**

  – 일평균 6~8시간 사용

  – 에이전트 제안에 높은 의존도 (수용률 85%+)

  – 오프라인 활동 감소 경향

- **Group C – 심각한 의존 (8%, 308명)**

  – 일평균 10시간 이상 사용

  – 에이전트 없이 의사결정 불능

  – 사회적 고립 경향

  – 불안, 우울 증상 동반

"308명…"

레베카가 중얼거렸다. 숫자를 응시하며.

"308명의 학생이 고립되어 있다는 거죠."

그녀의 목소리가 떨렸다.

"우리 손으로."

"더 심각한 건,"

모로우 교수가 추가했다.

"이들 중 상당수가 학업 성적은 우수하다는 점입니다. 평균 3.7 이상이에요."

"그럼 문제가 뭡니까?"

마이클 교수가 물었다.

"성적은 좋지만, 독립적 사고 능력이 저하되고 있어요. 우리가 측정한 '문제 발견 능력' 테스트에서 이들은 전년도 대비 23% 낮은 점수를 받았습니다."

"문제 발견 능력?"

"네, 에이전트는 문제를 '해결'하는 데는 탁월하죠. 하지만 무엇이 문제인지 '발견'하는 건 인간의 역할이에요. Group C 학생들은 에이전트가 문제를 정의해 주기를 기다리게 됐어요."

레베카는 창밖을 바라봤다. 캠퍼스 곳곳에서 학생들이 노트북 앞에 앉아 있었다. 각자의 에이전트와 대화하며.

캠퍼스 곳곳에서 기숙사 창문들이 보였다. 각 방의 불빛들.

308개의 방. 308명의 학생. 308개의 고립.

"우리가…"

그녀는 말을 멈췄다. 목이 메었다.

"실수한 걸까요?"

그녀는 데이비드를 봤다. 눈에 눈물이 맺혔다.

"아니요."

데이비드의 목소리는 단호했다. 확신에 차 있었다.

"우리가 미처 예상하지 못한 부작용이 생긴 거죠."

그는 레베카의 눈을 똑바로 봤다.

"모든 혁신에는 예상치 못한 결과가 있습니다. 중요한 건 우리가 그걸 인정하고, 배우고, 수정하는 거예요."

그는 키보드를 두드렸다.

"이제 우리가 해야 할 일은 이걸 해결하는 겁니다. 바로 지금."

"어떻게요?"

"먼저, 에이전트의 개입 수준을 조절해야 합니다."

데이비드가 화면을 바꿨다.

■ 에이전트 개입 모드 (신규 제안)

- **Level 1 – Minimal Guidance (최소 개입)**

  - 에이전트는 질문에만 답변

  - 학생이 명시적으로 요청하기 전까지 제안 없음

  - 주 사용 시간: 2~3시간 권장

- **Level 2 – Balanced Support (균형 지원) – 기본 설정**

  - 에이전트가 적절한 때 힌트 제공

  - 하지만 답은 학생이 찾도록 유도

　　– 주 사용 시간: 4~6시간 권장

　• **Level 3 – Active Coaching (적극 코칭)**

　　– 에이전트가 능동적으로 학습 경로 제안

　　– 취약한 개념 집중 보완

　　– 주 사용 시간: 6~8시간 권장

　• **Level 4 – Intensive Support (집중 지원)**

　　– 학습 부진 학생 전용

　　– 단, 4주마다 재평가 후 하향 조정

"모든 학생을 Level 2로 기본 설정합니다. Level 3나 4는 교수 승인 하에서만 가능하게 하고요."

"그리고,"

캐서린 교수가 덧붙였다.

"에이전트-Free 활동을 커리큘럼에 포함시켜야 해요."

"에이전트-Free 활동이요?"

"네, 예를 들면 'No-에이전트 Challenge' 같은 거요. 일주일에 하루, 에이전트 없이 과제를 해결하는 날을 정하는 겁니다. 학생들이 스스로의 힘을 느낄 수 있도록요."

레베카가 고개를 끄덕였다.

"좋습니다. 그리고 Group C 학생들을 위한 특별 프로그램도 만들어야겠네요."

"'Digital Wellness Program'을 제안합니다."

마이클 교수가 말했다.

"에이전트와의 건강한 관계를 배우는 워크숍이요. 필요하면 상담도 병행하고요."

"시행하죠. 당장."

* * *

2026년 11월 23일, 에이전트-Free Week 첫날.
캠퍼스 곳곳에 포스터가 붙었다.

에이전트-Free Week

- 11/22~11/28

- "Discover Your True Strength"

Learning Commons 1층 로비에는 대형 배너가 걸렸다.

에이전트와 함께 성장하되 스스로 설 수 있도록 하라!

– 레베카 모리슨 총장

처음 반응은… 복잡했다.

"뭐야, 갑자기 에이전트 쓰지 말라고?"

"불안해… 에이전트 없이 과제 어떻게 해?"

"드디어! 진짜 실력을 보여 줄 기회다!"

마크 테일러는 메모리얼 홀 도서관 3층 스터디룸에 혼자 앉아 있었다. 노트북은 꺼져 있었다. 대신 종이 노트와 펜이 있었다.

알고리즘 문제. Graph Traversal.

예전 같으면 당연히 에이전트에게 물어봤을 것이다. "BFS랑 DFS 중에 뭐가 더 적합해?" 하고.

하지만 지금은 혼자였다.

마크는 15분 동안 문제만 바라봤다. 머릿속이 복잡했다. 뭐부터 시작해야 할지…

그때, 자신도 모르게 종이에 무언가를 그리고 있었다. 그래프였다. 노드들과 간선들을…

"아, 이렇게 생긴 그래프구나."

뭔가가 보이기 시작했다.

"만약 최단 경로를 찾는다면… BFS? 모든 경로를 탐색해야 한다면… DFS?"

30분 후, 마크는 첫 번째 코드를 짰다. 작동하지 않았다.

다시 수정. 또 실패.

세 번째 시도.

```python
def bfs(graph, start):
    visited = set()
    queue = [start]
    while queue:
        vertex = queue.pop(0)
        if vertex not in visited:
```

```
        visited.add(vertex)
        queue.extend(graph[vertex] - visited)
    return visited
```

실행. 성공.

"됐다⋯?"

마크는 자신의 코드를 멍하니 바라봤다. 그리고⋯ 웃음이 났다.

"내가 했어. 혼자서."

뭔가 뿌듯한 감정이 올라왔다. 에이전트가 칭찬해 줄 때의 기쁨과는 달랐다. 이건⋯ 진짜 자신의 성취였다.

옆 테이블에서 공부하던 여학생이 말을 걸었다.

"혼자 푸니까 어때요?

"힘든데⋯ 뭔가 좋아요."

마크가 솔직하게 답했다.

"나도 처음엔 불안했는데, 막상 해 보니까 생각했던 것보다는 할 수 있더라고요."

"에이전트 없이도?"

"응. 에이전트가 정말 많이 도와줬지만, 결국 배운 건 나니까."

마크는 고개를 끄덕였다. 그리고 다시 문제로 돌아갔다.

윤리적 딜레마

2026년 12월 3일, 목요일 오전 10시.

학부 운영위원회 긴급 회의. 스튜어트 홀 회의실.

"표절입니다, 명백한."

캐서린 학장이 테이블을 쳤다.

"무슨 일입니까?"

레베카 총장이 물었다.

"제 과목 기말 에세이요. 'AI 시대의 자유의지'라는 주제였는데…"

캐서린 교수가 노트북을 돌려 보였다. 화면에는 두 개의 에세이가 나란히 있었다.

왼쪽: 학생 A의 제출물

오른쪽: 에이전트가 생성한 샘플 에세이

문장 구조가 놀랍도록 유사했다. 단어만 약간씩 바뀌었을 뿐.

"에이전트한테 초안을 부탁했더니 이렇게 나왔다는 거예요. 그걸 자기 이름으로 제출했고요."

"학생 A는 뭐라고 했습니까?"

"'에이전트가 도와준 건데 왜 안 되냐'고 묻더군요. '다들 에이전트 쓰잖아요'라면서."

레베카는 깊은 한숨을 쉬었다. 예상했던 문제였지만, 이렇게 빨리 터질 줄은 몰랐다.

"에이전트 사용 가이드라인이 있지 않습니까?"

법학과 교수가 물었다.

"있습니다."

데이비드가 문서를 공유했다.

■ 에이전트 사용 가이드라인 Ver 1.0

- **허용되는 사용**
  - 아이디어 브레인스토밍
  - 문법 및 구조 검토
  - 참고자료 검색
  - 개념 설명 요청
- **금지되는 사용**
  - 전체 에세이/보고서 작성 의뢰
  - 문제 해결 코드의 직접 작성
  - 시험 문제 풀이
  - 출처 없는 사실 주장의 생성

"문제는,"

캐서린 교수가 말을 이었다.

"경계가 애매하다는 거예요. '에이전트에게 초안을 부탁한 후 수정하는 건 어디까지 허용됩니까? 30% 수정? 50%? 70%?"

회의실이 조용해졌다.

"제 생각에는,"

캐서린 교수가 천천히 말했다.

"우리가 잘못된 질문을 하고 있는 것 같습니다."

"무슨 말씀이십니까?"

"'에이전트를 얼마나 쓸 수 있는가'가 아니라, '학생이 무엇을 배웠는가'를 물어야 하지 않을까요?"

레베카가 관심을 보였다.

"계속하시죠."

"전통적인 에세이는 두 가지를 평가합니다. 내용과 글쓰기 능력. 그런데 에이전트 시대에는 글쓰기 능력보다 '사고하는 능력'이 더 중요해졌어요. 에이전트는 글을 잘 쓰지만, 독창적으로 생각하진 못하니까요."

"그래서요?"

"평가 방식을 바꾸자는 겁니다. 에세이 제출과 함께 '에세이 저널'을 함께 제출하게 하는 거죠."

"에세이 저널?"

"네, 학생이 에세이를 쓰는 과정을 기록하는 겁니다. 에이전트와의 대화 내역, 자신의 아이디어가 어떻게 발전했는지, 에이전트 제안 중 무엇을 채택하고 무엇을 거부했는지, 왜 그런 결정을 내렸는지…"

데이비드의 눈이 빛났다.

"사고 과정을 평가하는 거군요."

"정확합니다. 최종 결과물보다 '어떻게 도달했는가'가 중요해지는 거죠. 솔직히 에이전트가 생성한 에세이와 학생이 에이전트와 협업해서 쓴 에세이는 겉으로는 구별이 어려워요. 하지만 과정을 보면 명확히 드러납니다."

레베카는 고개를 끄덕였다.

"좋은 제안입니다. 하지만 현실적인 문제가 있어요. 모든 과목에서 저널까지 평가하려면…"

"교수 업무가 폭증하겠죠."

"그래서,"

데이비드가 말했다.

"Teaching 에이전트의 역할을 확장해야 합니다."

화면이 바뀌었다.

■ Teaching 에이전트 2.0 - 학습 과정 분석 기능

- **기능 1: 학습 과정 추적**

  - 학생 · 에이전트 대화 자동 로깅

  - 사고 패턴 시각화

  - 독창성 vs 의존도 분석

- **기능 2: 표절 탐지 (심화)**

  - 단순 텍스트 비교가 아닌 사고 패턴 분석

  - "이 학생이 이 주장을 혼자 생각해 낼 가능성" 평가

  - 의심 구간 자동 플래그

- **기능 3: 평가 보조**

  - 저널 자동 요약

  - 핵심 사고 전환점 하이라이트

"Teaching 에이전트가 저널을 1차 분석하고, 교수님은 최종 판단만 하시는 겁니다."

"흥미롭네요." 법학과 교수가 말했다.

"하지만 에이전트가 에이전트를 평가하는 건… 공정할까요?"

"좋은 질문입니다."

데이비드가 인정했다.

"그래서 우리는 'Human-in-the-loop' 원칙을 고수합니다. 에이전트는 보조하되, 최종 판단은 항상 교수가."

"그리고,"

캐서린 학장이 추가했다.

"학생들에게도 투명하게 공개해야 해요. '에이전트와의 대화가 평가에 포함된다'는 걸 명확히 하는 거죠. 그럼 학생들도 에이전트와 대화할 때 더 진지하게 사고할 겁니다."

레베카가 회의실을 둘러봤다.

"그렇다면 새로운 학사 규정이 필요하겠네요. 'AI 에이전트 시대의 학문적 정직성'에 관한."

"네, 작성하겠습니다." 법학과 교수가 자원했다.

* * *

2주 후, 새로운 정책이 공표됐다.

■ 하버스톤 대학교 학술 정직성 가이드라인 (에이전트 시대 버전)

- **제1원칙: 투명성**

  – 모든 학생 · 에이전트 상호작용은 기록됩니다.

  – 평가에는 결과물과 과정이 모두 포함됩니다.

  – 에이전트 사용은 장려되지만, 과정의 투명성이 필수입니다.

- **제2원칙: 독창성**

  – 에이전트는 도구이며, 사고는 학생의 것입니다.

  – "에이전트가 제안했지만 내가 선택했다"를 증명해야 합니다.

  – 무비판적 수용은 학문적 성장을 저해합니다.

- **제3원칙: 책임**

  – 에이전트 출력물에 대한 최종 책임은 학생에게 있습니다.

  – 에이전트가 제공한 정보의 정확성은 학생이 검증해야 합니다.

  – 잘못된 정보를 "에이전트가 그랬다"며 변명할 수 없습니다.

- **제4원칙: 공정성**

  – 평가는 학습 성과에 기반합니다.

  – 에이전트 활용 능력 자체도 평가 대상입니다.

  – "얼마나 썼는가"가 아닌 "얼마나 배웠는가"를 봅니다.

학생들의 반응은 엇갈렸다.

"대화 기록까지 평가한다고? 부담스러운데…"

"오히려 좋아. 이제 에이전트 잘 쓰는 것도 실력이네."

"결국 열심히 생각해야 한다는 거잖아. 뭐가 달라진 거야?"

"달라진 게 많아. 에이전트를 어떻게 '잘' 쓰는지 배워야 해."

인간 교수의 재발견

2027년 1월 19일, 봄학기 첫 주.

프랭클린 홀 305호.

캐서린 학장은 자신의 '현대 철학' 강의실에 서 있었다. 40명의 학생들이 앉아 있었다. 모두 노트북을 열어 두고, 각자의 에이전트와 연결되어 있었다. 예전 같으면 이 광경이 불편했을 것이다. 하지만 지금은 아니었다.

"여러분, 오늘은 사르트르의 실존주의를 다룹니다. 하지만 제가 설명하기 전에, 먼저 여러분의 에이전트에게 물어보세요. '사르트르의 핵심 사상'이 뭔지."

학생들이 에이전트와 대화하기 시작했다. 키보드 소리가 강의실을 채웠다.

5분 후.

"자, 다들 에이전트한테 답을 들었죠?"

고개를 끄덕이는 학생들.

"아마 이런 식의 답을 들었을 겁니다. '실존이 본질에 앞선다', '인간은 자유로우며 그 자유의 무게를 짊어져야 한다', 등등. 맞죠?"

"네."

"좋습니다. 이제 에이전트 창을 최소화하세요."

학생들이 약간 당황한 표정으로 에이전트 창을 닫았다.

"이제 제가 질문하겠습니다."

캐서린 교수가 학생들을 둘러봤다.

"만약 사르트르가 오늘날 AI 에이전트를 본다면, 뭐라고 했을까요?"

침묵.

"에이전트한테 물어봐도 될까요?"

한 학생이 조심스럽게 물었다.

"나중에. 먼저 여러분이 생각해 보세요. 에이전트는 이미 사르트르에 대해 알고 있는 것을 알려 줬어요. 하지만 이 질문은 '알고 있는 것'이 아니라 '생각하는 것'입니다. 에이전트는 대신 생각해 줄 수 없어요."

학생들이 서로를 쳐다봤다.

"제 생각에는…"

한 학생이 손을 들었다.

"사르트르라면 에이전트에 반대했을 것 같아요. 에이전트가 우리의 선택을 대신하니까요. 그건 자유의 포기 아닌가요?"

"흥미로운 관점이네요. 다른 의견은?"

"저는 다르게 생각해요."

다른 학생이 말했다.

"에이전트는 선택지를 제시하지만, 결국 선택은 우리가 하잖아요. 오히려 더 많은 정보를 가지고 선택할 수 있으니 더 자유로운 거 아닐까요?"

"반대 의견, 또 있나요?"

"저는요,"

세 번째 학생이 말했다.

"에이전트 자체가 문제가 아니라 우리가 에이전트를 어떻게 쓰느냐가 문제라고 봐요. 에이전트한테 대신 선택해달라고 하면 자유를 포기하는 거고, 에이전트를 도구로 써서 더 나은 선택을 하면 자유를 실현하는 거죠."

캐서린 교수는 미소를 지었다.

"바로 그겁니다. 지금 여러분이 한 게 철학이에요. 에이전트가 알려준 사실을 넘어서, 스스로 생각하고 논쟁한 거죠."

그는 칠판에 썼다.

- 에이전트는 지식을 제공한다.
- 교수는 지혜를 촉발한다.
- 학생은 의미를 창조한다.

"에이전트는 사르트르가 뭐라고 말했는지 알려 줄 수 있어요. 하지만 사르트르의 사상이 현대에 어떤 의미인지는 여러분이 생각해야 합니다. 여러분이 이 강의를 통해 배우고 키워 나가야 하는 능력입니다."

한 학생이 손을 들었다.

"그럼 교수님은 어떤 역할을 하시는 걸까요? 에이전트한테 물어보고 우리끼리 토론하면 되잖아요."

학생은 막상 입 밖으로 나온 자신의 질문이 너무 도발적이란 생각에 표정이 난감해졌다.

캐서린 교수는 빙그레 웃었다. 예상했던 질문이었다.

"좋은 질문입니다. 답해드리죠. 에이전트는 여러분에게 좋은 질문을 할 수 없어요."

"네?"

"에이전트는 여러분이 물어본 것에 답해요. 하지만 '물어야 할 것'이 무엇인지는 알려 주지 못합니다. 아까 제가 '사르트르라면 AI 에이전트를 뭐라 했을까?'라고 물었죠. 여러분 중 혹시 그 질문을 생각했던 사람이 있었나요?"

학생들은 조용했다.

"교수의 역할은 '올바른 질문'을 던지는 겁니다. 여러분의 사고를 자극하는 질문, 여러분이 미처 생각하지 못한 연결고리를 보여 주는 질문. 에이전트는 답변 기계예요. 교수는 질문 기계죠."

"그리고,"

캐서린이 덧붙였다.

"에이전트는 여러분을 개별적으로 가르칩니다. 하지만 함께 모여서 배우는 것의 가치는 에이전트가 줄 수 없어요. 지금 이 순간, 여러분이 서로 다른 관점을 듣고 생각을 조정하는 이 경험. 이게 진짜 배움입니다."

강의가 끝난 후, 한 학생이 캐서린 교수에게 다가왔다.

"교수님, 솔직히… 저 처음엔 교수님들이 에이전트 때문에 불필요해질 줄 알았어요."

"나도 그렇게 걱정했어."

캐서린이 솔직하게 답했다.

"근데 오늘 깨달았어요. 에이전트가 있어서 교수님이 더 필요하다는 걸요. 에이전트가 모든 정보를 주니까, 이제 교수님은 '정보를 넘어선 것'을 가르치실 수 있잖아요."

캐서린은 학생의 어깨를 가볍게 두드렸다.

"맞아. 에이전트는 나를 대체하지 않았어. 오히려 나를 진짜 교수로 만들어 줬지."

* * *

그날 밤, 교수 라운지.

여러 교수들이 모여 저녁을 먹으며 대화를 나누고 있었다.

"요즘 강의 준비가 예전과 완전히 달라졌어요."

한 교수가 말했다.

"예전에는 '무엇을 가르칠까'를 고민했는데, 지금은 '어떤 질문을 던질까'를 고민해요."

"저도요."

또 다른 교수도 동의했다.

"에이전트가 화성학 이론을 학생들에게 다 가르쳐요. 이제 저는 '왜 이 화성 진행이 감동적인가'를 가르치죠. 기술이 아니라 예술혼을."

"가장 놀라운 건, 학생들과의 관계가 더 깊어졌다는 거예요. 예전 엔 정보 전달에 시간을 다 쓰느라 진짜 대화할 시간이 없었는데, 지금은 학생들의 생각, 고민, 꿈에 대해 이야기할 수 있어요."

"맞아요."

대부분의 교수들이 고개를 끄덕였다.

"에이전트가 '어떻게(how)'를 가르치니, 나는 '왜(why)'를 가르칠 수 있게 됐어요."

레베카 총장이 교수 라운지에 들어왔다. 교수들이 반갑게 맞았다.

"무슨 얘기들을 하시나요?"

"에이전트 시대의 교수 역할에 대해서요."

캐서린 학장이 답했다.

"총장님, 1년 전만 해도 우리는 에이전트가 우리를 대체할까 봐 두려워했어요."

"기억합니다."

"그런데 이제 깨달았어요. 에이전트는 우리를 대체한 게 아니라, 우리를 진짜 교수로 만들어 줬다는 걸요."

레베카는 미소를 지었다.

"어떤 의미에서요?"

"예전에는 우리가 '살아 있는 교과서'였어요. 정보를 전달하는 기계. 하지만 이제 에이전트가 그 역할을 해요. 그래서 우리는 진짜 중요한 것에 집중할 수 있게 됐죠."

"진짜 중요한 것이 뭔가요?"

"영감을 주는 것, 질문을 던지는 것, 인간적으로 연결되는 것, 지식이 아니라 지혜를 나누는 것."

다른 교수들이 동의하며 고개를 끄덕였다.

"나는 이제 에이전트 없는 강의는 상상할 수 없어요. 에이전트 덕분에 나는 더 나은 교수가 됐거든요."

레베카는 교수들의 얼굴을 둘러봤다. 1년 전 이 자리에서 에이전트 도입에 반대하던 그 얼굴들. 지금은 확신에 차 있었다.

"감사합니다, 교수님들. 여러분이 변화를 받아들여 줘서."

"아니요. 감사를 받아야 할 사람은 총장님이세요. 우리에게 더 나은 방법을 보여 주셨으니까요."

첫 졸업생들

2027년 5월 22일, 토요일 오전 10시.

하버스톤 대학교 대운동장.

졸업식이었다. 하지만 일반 졸업식이 아니었다. 에이전트와 함께한 첫 세대, 그리고 새로운 클러스터 시스템을 경험한 첫 졸업생들이었다.

852명의 졸업생이 검은 가운과 각 클러스터별 색깔의 후드를 걸치고 앉아 있었다. 하지만 이들의 학위증은 달랐다.

전통적인 "Bachelor of Science in Computer Science" 대신:

■ Bachelor of Arts

Competency Portfolio:

Computational Thinking (Advanced)

Creative Expression (Intermediate)

AI-Human Collaboration (Advanced)

Capstone Project: AI-Powered Educational Equity Platform

학위 이름보다 역량과 프로젝트가 먼저 나왔다.

레베카 총장이 단상에 올랐다. 인디애나의 5월은 따스했고, 캠퍼스 전체가 봄꽃으로 장식되어 있었다.

"졸업생 여러분, 그리고 가족 여러분. 오늘은 특별한 날입니다."

그녀는 졸업생들을 바라봤다.

"여러분은 역사적인 첫 세대입니다. AI 에이전트와 함께 배운 첫 세대. 학과가 아닌 역량을 선택한 첫 세대. 그리고… 교육의 미래를 몸소 증명한 첫 세대입니다."

박수가 터져 나왔다.

"1년 반 전, 우리는 일종의 도박을 했습니다. 전통을 버리고 미지의 길을 선택했죠. 많은 분들이 우려했습니다. '학생들이 에이전트에 의존하게 될 것이다', 'AI가 인간 교육을 파괴할 것이다', '학위의 가치가 떨어질 것이다'라고요."

레베카는 잠시 멈췄다.

"결과는 어땠을까요?"

화면에 데이터가 나타났다.

■ 2027년 졸업생 성과

- **취업률**: 94.3% (전년도 대비 +28%)

- **평균 초봉**: $89,400 (전년도 대비 +34%)

- **대학원 진학률**: 67% (전년도 대비 +19%)

- **창업률**: 12% (전년도 대비 +400%)

■ 고용주 만족도 조사

- **문제 해결 능력**: 4.6/5.0

- **적응력**: 4.7/5.0
- **협업 능력**: 4.5/5.0
- **AI 활용 능력**: 4.8/5.0

"여러분은 증명했습니다. 에이전트와 함께 배운 것이 여러분을 더 약하게 만든 게 아니라, 더 강하게 만들었다는 것을."

졸업생 석에서 환호가 터졌다.

"그리고 여러분이 받는 학위증을 보세요. 전공 이름이 없습니다. 대신 여러분이 실제로 할 수 있는 것들이 나열돼 있죠. 그게 진짜 의미 있는 거예요. '무엇을 전공했는가'가 아니라 '무엇을 할 수 있는가.'"

레베카는 미소를 지었다.

"이제 기업들이 전화를 합니다. '하버스톤 졸업생을 더 보내주세요'라고. 왜일까요? 여러분이 에이전트를 '잘 쓰기' 때문입니다. 대체되는 게 아니라 증강되는 인재, 그게 여러분이에요."

* * *

졸업식 후, 리셉션. 학생 회관 대강당.

제이크 파머는 부모님, 그리고 첫 파일럿 과목이었던 미적분학을 가르친 토머스 라이트 교수와 함께 서 있었다.

"교수님, 제이크가 정말 많이 컸어요."

어머니가 말했다.

"그렇죠?"

토머스 교수가 동의했다.

"제이크, 기억하나요? 첫날, 'ChatGPT랑 뭐가 다른데요?'라고 물었던 거."

제이크가 웃었다.

"창피하네요, 그때는 정말 몰랐어요."

"그런데 이제는?"

"이제는… ALAN이 제 파트너라는 걸 알아요. 제가 생각하는 걸 도와주는 친구 같은 존재요."

제이크는 폰을 꺼내 에이전트 앱을 열었다.

> 제이크: ALAN, 마지막 인사해 줄래?

에이전트 화면에 메시지가 떴다.

> ALAN: 제이크, 축하해요. 함께한 2년이 제게도 배움이었어요. 앞으로 당신이 어떤 사람이 될지 궁금하네요. 하지만 확신하는 건, 당신은 에이전트 없이도 충분히 훌륭하다는 거예요. 저는 단지 당신의 여정에 동행했을 뿐이에요.

제이크의 눈가가 촉촉해졌다.

> 제이크: 고마워, ALAN. 너 없었으면 나 여기 못 왔어.

» ALAN: 아니요. 당신은 여기 올 능력이 있었어요. 저는 당신이 그걸
발견하게 도와줬을 뿐이에요. 그게 제 역할이었고요.

토머스 교수가 물었다.

"졸업 후에도 ALAN을 쓸 수 있나요?"

"네, 평생 무료래요. 하버스톤 졸업생 혜택이에요."

"좋은 회사에 취직했다고 들었어요."

"네, Google AI Lab이요. 근데 재밌는 게, 면접에서 제 에이전트 사용 로그를 보여 줬어요."

"로그를?"

"네, '이 사람이 어떻게 생각하고 배우는지' 보고 싶다고 하더라고요. 제 에이전트와의 대화 기록을 보더니 제 학습 스타일과 문제 해결 방식을 알겠대요."

"그래서?"

"면접관이 그러더라고요. '에이전트를 이렇게 잘 활용하는 사람은 처음 본다'고. '에이전트에게 의존하는 게 아니라 에이전트와 협업하는구나'라고 말하면서 바로 합격시켜줬어요."

부모님이 뿌듯한 표정으로 아들을 바라봤다.

* * *

운동장 한편에서 에밀리 로드리게스는 친구들과 작별 인사를 나누고 있었다.

"MIT 대학원 입학 축하해!"

친구가 말했다.

"고마워. 너도 UN 인턴 축하하고."

"근데 에밀리, 솔직히 물어봐도 돼? 너 에이전트 없이도 철학 공부할 수 있어?"

에밀리는 잠시 생각했다.

"할 수 있어. 하지만… 왜 굳이 없이 해? 에이전트는 내 생각을 더 깊게 만들어 줘. 마치 항상 함께 대화할 수 있는 소크라테스가 있는 것 같거든."

"의존하는 거 아니야?"

"아니, 협업하는 거지. 차이가 뭔지 알아? 의존은 에이전트 없이 못하는 거고, 협업은 에이전트와 함께 더 잘하는 거야."

"그 차이를 어떻게 아는데?"

"에이전트-Free Week 때 알았어. 일주일 동안 에이전트 안 쓰고 과제했잖아. 할 수는 있더라고. 근데 에이전트와 함께할 때가 훨씬 더 깊이 생각하게 되더라."

친구가 고개를 끄덕였다.

"우리가 운 좋은 세대인 것 같아."

"맞아. 우리는 AI와 함께 자랐어. 두려워하지 않고 활용하는 법을 배웠고. 다음 세대는 이게 당연한 거겠지?"

"응. 그리고 우리가 그 길을 열어 준 거고."

두 사람은 웃으며 포옹했다.

* * *

해질녘, 대부분의 사람들이 떠난 운동장.

레베카는 혼자 벤치에 앉아 캠퍼스를 바라보았다. 올드 메인 빌딩의 종탑이 저녁 햇살을 받아 빛나고 있었다. 데이비드가 다가왔다.

"생각에 잠기셨네요."

"응. 끝났구나 싶어서."

"끝났다뇨? 이제 시작인데요."

레베카가 웃었다.

"그렇지. 하지만 오늘은 하나의 장이 마무리된 날이야. 우리가 2년 전에 시작한 실험이 성공했다는 증명."

"아쉬움은 없으세요?"

"글쎄… 오늘은 없다고 하고 싶어. 물론 쉽지 않았지. 교수들 설득하고, 학생들 격려하고, 시스템 바꾸고, 수없이 밤을 지새우고…"

"가치가 있었나요?"

레베카는 아직도 학교를 떠나지 않은 졸업생들이 가족들과 사진 찍는 모습을 바라봤다. 메모리 홀 앞에서, 사이언스 빌딩 계단에서, 캠퍼스 곳곳에서 졸업 가운을 입은 학생들이 웃고 있었다.

"저기 봐. 저 아이들의 얼굴을. 자신감 넘치잖아. 세상에 나가도 두렵지 않다는 표정이야. 그게 답이야."

"다음 목표는?"

"다른 대학들도 이 길을 갈 수 있게 돕는 거. 하버스톤 모델을 오픈소스로 공개하고, 우리가 겪은 시행착오를 나누는 거지."

데이비드가 고개를 끄덕였다.

"교육 혁명의 확산이네요."

"응. 그리고…"

레베카가 잠시 멈췄다.

"우리가 아직 해결 못한 문제들도 많아. 에이전트 윤리, 교육 평등, 인간성 유지… 이제 그걸 다뤄야 해."

"혁명은 끝나지 않는다?"

"진화할 뿐이지. 하하하!"

두 사람은 조용히 앉아 석양을 바라봤다. 캠퍼스 곳곳에 세워진 새 사인보드들이 저녁 햇살을 받아 빛났다.

Computational Thinking Cluster

Creative Expression Hub

Human Development Center

학과 이름은 사라졌지만, 캠퍼스는 어느 때보다 생기가 넘쳤다.

"우리는 지금 어디쯤 있을까요?"

레베카는 조용히 중얼거렸다.

"시작점. 그리고 그게 가장 신나는 부분이야."

제8장: 미래의 대학
THE UNIVERSITY OF TOMORROW

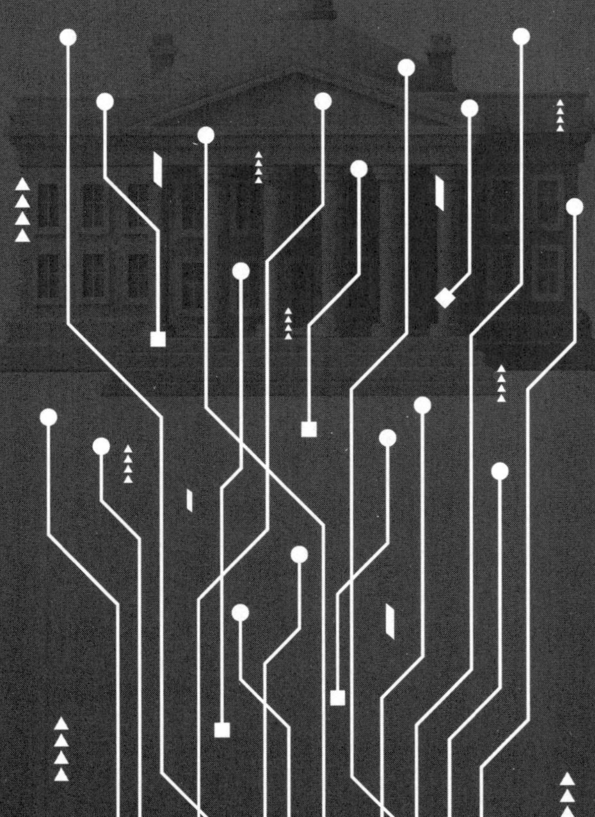

전국적 확산

2027년 9월 3일, 금요일 오전 9시.

"총장님."

레베카의 비서 마가렛의 목소리.

"또 방문 요청이 왔습니다."

그녀는 태블릿을 내밀었다. 손이 약간 떨렸다. 피곤해 보였다. 요즘 방문객이 너무 많았다.

한쪽 벽면에는 이번 주만 8개 대학의 방문 일정이 빼곡했다.

- 월요일: 미시간 대학교 (총장 + 교무처장)
- 화요일: 오하이오 주립대 (교수진 15명)
- 수요일: 퍼듀 (CIO + 학과장들)
- 목요일: MIT (컴퓨터공학과)
- 금요일: 스탠퍼드 (교육공학과)
- 그리고 대기 중인 요청이 23건

레베카는 한숨을 쉬었다. 좋은 의미의 한숨.

레베카는 창밖을 바라봤다.

캠퍼스 투어 중인 방문객들이 보였다. 노란색 방문자 배지를 단 사람들. 10명쯤. 데이비드가 안내하고 있었다. Learning

Commons를 가리키며 설명하고 있었다.

지난 1년간 하버스톤을 방문한 교육 관계자만 1,200명이 넘었다. 1,200명.

2년 전에는 아무도 오지 않았다. 아무도 관심 없었다. 하버스톤은 무너지는 대학이었다.

지금은 모두가 배우러 왔다.

"하버스톤 모델이 화제예요."

마가렛이 덧붙였다.

"화제라기보다는…"

레베카가 미소를 지었다.

"다들 생존을 위해 무엇이 필요한지 깨닫기 시작한 거죠. 우리가 좀 빨랐을 뿐…"

그날 오후, Learning Commons. 데이비드는 스탠퍼드 교육공학과 사라 첸 박사와 마주 앉아 있었다. 40대 후반의 중국계 미국인. 짧은 검은 머리. 날카로운 눈빛. 회색 블레이저. 스탠퍼드의 AI 교육 전문가. 그녀의 논문을 데이비드는 다 읽었다. 그녀는 노트북 앞에 앉아 있었다. 화면에는 하버스톤 데이터가 가득했다. 그녀는 1시간째 데이터를 보고 있었다. 질문 없이.

마침내 사라가 입을 열었다.

"믿기 어렵군요."

그녀는 화면에서 눈을 떼지 않았다.

"정말로 37개 학과를 없앴다는 게. 150년 역사를… 18개월 만에."

그녀의 눈이 데이비드와 마주쳤다. 믿을 수 없다는 표정.

"네, 18개월 전입니다."

"반발은 없었나요?"

"엄청났죠."

데이비드가 웃었다. 그 특유의 맑은 웃음소리가 퍼져나갔다.

"처음엔 교수 60%가 반대했어요. 격렬하게. 인문대학장은 탁자를 치셨죠. 몇몇 분들은 사표를 내셨고요."

그는 잠시 멈췄다. 그때를 떠올렸다.

"하지만 지금은…"

그가 노트북을 열어 설문조사 결과를 보여 줬다.

■ Faculty Satisfaction Survey (2027년 8월)

- **새 구조 지지**: 89%
- **연구 시간 증가**: 평균 주 18시간 → 28시간
- **학제간 협업 만족도**: 94%
- **다시 학과 시스템으로?** → 찬성 3%, 반대 97%

"놀랍네요. 어떻게 이런 변화를 이끌어냈죠?"

"학생들입니다."

데이비드가 강조했다. 목소리에 열정이 실렸다.

"학생들이 먼저 변했어요. 그들이 학과 경계를 넘기 시작했죠. 컴퓨터과학 전공이 실용음악과와 협업하고, 철학과가 뇌과학과와 연구하고…"

그는 몸을 앞으로 기울였다.

“교수들은 그걸 봤어요. 학생들의 눈빛이 살아나는 걸. 질문이 깊어지는 걸. 그래서 따라온 거예요.”

그는 미소를 지었다.

“에이전트가 그걸 가능하게 했고요. 다리를 놓아줬죠.”

사라는 잠시 생각에 잠겼다.

“스탠퍼드도 고민 중입니다.”

“같은 문제죠. 세상은 2027년인데 대학은…”

“당신들의 모델을 그대로 적용할 수 있을까요?”

“아니요.”

데이비드가 고개를 저었다.

“각 대학마다 처한 환경과 맥락이 다릅니다. 하지만 우리가 배운 교훈은 공유할 수 있죠.”

오픈소스 발표

2027년 9월 14일, 화요일 오후 2시.

레베카는 미국교육위원회(ACE) 연례 총회에서 기조연설을 하고 있었다. 전국에서 모인 300명의 대학 총장들이 시카고 컨벤션센터 대강당을 가득 메웠다.

레베카는 무대 중앙에 섰다.

300명의 총장, 300개 대학, 300개의 미래.

그녀는 심호흡을 했다.

"여러분."

웅성거리던 소리가 잠잠해졌다.

"하버스톤은 에이전트 시스템을 오픈소스로 공개하기로 결정했습니다."

침묵.

1초, 2초, 3초.

그리고 폭발.

청중석이 술렁였다.

웅성거림이 파도처럼 밀려왔다. 300명이 거의 동시에 말하기 시작했다.

"오픈소스?"

"무료로?"

"왜?"

"미쳤나?"

레베카는 기다렸다. 조용해질 때까지.

한 손이 올라갔다.

퍼듀 대학교 총장. 60대 후반. 중국계. 보수적으로 유명했다.

"총장님."

그의 목소리는 날카로웠다.

"그게 무슨… 경쟁력을 포기하시겠다는 건가요? 2년간 480만 달러를 투자하고, 이제 다른 대학들에게 그냥 주신다고요?"

회의장이 조용해졌다. 모두가 레베카를 향해 집중하고 있었다.

"아니요. 함께 성장하자는 겁니다."

레베카가 화면을 전환했다.

■ "Agentic University Framework"

- Open-Source Project

• 공개 내용

- Personal Learning 에이전트 설계 문서

- Teaching Assistant 에이전트 아키텍처

- Academic Coordinator 에이전트 코드베이스

- 역량 클러스터 전환 가이드

- 교수 재교육 프로그램

- 평가 체계 개편 사례

“교육은 경쟁이 아닙니다.”

레베카가 말을 이었다.

“우리가 에이전트 시스템을 개발하면서 수많은 시행착오를 겪었어요. 다른 대학들이 같은 실수를 반복할 필요는 없죠.”

“하지만 귀교의 투자 비용은…”

“2년간 약 480만 달러를 투자했습니다. 하지만 우리가 공개하면 다른 대학들은 그 10분의 1 비용으로 시작할 수 있어요.”

스크린에 숫자들이 나타났다.

■ 하버스톤의 투자 내역

- **Phase 1 (2025-2026): $1.8M**
  - 플랫폼 선정 및 커스터마이징: $450K
  - 파일럿 운영: $380K
  - 교수 연수: $420K
  - 시스템 통합: $550K
- **Phase 2 (2026-2027): $2.1M**
  - 전면 확대: $890K
  - 에이전트 고도화: $640K
  - 구조개편 컨설팅: $570K
- **Phase 3 (2027-현재): $980K**
  - 지속적 개선: $480K
  - 평가 시스템: $320K
  - 교육 콘텐츠: $180K

• 오픈소스 활용시 예상 비용

- 소규모 대학 (3,000명): $180K – $250K

- 중규모 대학 (10,000명): $380K – $520K

- 대규모 대학 (30,000명): $750K – $1.2M

"우리의 코드와 문서를 활용하면,"

레베카가 설명했다.

"구축 시간도 2년에서 6~9개월로 단축됩니다."

회의장이 조용해졌다. 모두가 숫자를 계산하고 있었다.

마침내 오하이오 주립대 총장이 일어났다.

"레베카 총장님, 혹시 다른 이유도 있을까요? 솔직한 말씀을 듣고 싶습니다."

레베카는 잠시 침묵했다.

"제가 총장이 되었을 때, 하버스톤은 무너지고 있었습니다. 지원율 하락, 중도탈락, 낮은 취업률… 우리만의 문제가 아니에요. 미국 중소 사립대학 전체의 위기였죠."

그녀는 천천히 말을 이었다.

"에이전트 기술로 우리는 살아났습니다. 하지만 하버스톤만 살아서 뭐 합니까? 고등 교육이 함께 도약해야 우리 학생들이, 우리 사회가 미래를 준비할 수 있습니다."

박수가 터져 나왔다. 한 사람이 일어섰다. 그리고 또 한 사람… 300명이 모두 일어섰다. 박수 소리가 회의장을 가득 채웠다.

레베카는 깊은 감동이 밀려왔다. 가슴이 벅차 올랐다. 흐르는 눈물을 닦으며 말했다.

"그리고… 오픈소스는 우리에게도 이득입니다. 더 많은 대학이 사용하면, 더 많은 피드백이 오고, 시스템은 더 빨리 발전합니다. 함께 만드는 거죠."

연방 교육부의 인증

2027년 10월 5일, 화요일 오전 11시.

연방 교육부 차관이 하버스톤 캠퍼스를 방문했다. 제임스 윌슨. 50대 중반. 비서 두 명과 정책 담당자 세 명이 동행했다. 그들은 검은 SUV 두 대로 왔다. 연방 정부의 공식 방문. 캠퍼스 입구에서 레베카와 데이비드가 기다리고 있었다.

"레베카 총장님, 교육부는 'AI Agentic University Certification Program'을 도입하기로 했습니다."

레베카와 데이비드가 차관 일행을 Learning Commons로 안내했다.

"인증 프로그램이요?"

"그렇습니다. 하버스톤 모델을 벤치마크로 삼아, AI 에이전트 기반 교육을 도입하는 대학들에게 연방 인증을 부여하려 합니다."

차관이 태블릿을 건넸다.

■ **"AI Agentic University" Federal**

Certification Standards (Draft)

• Level 1 – Foundation

  – Personal Learning 에이전트 도입 (전체 학생 50% 이상)

  – 최소 1개 학과에서 에이전트 기반 커리큘럼 운영

- 교수진 에이전트 활용 연수 완료
    - 예상 기간: 6~12개월
- **Level 2 - Expansion**
    - Personal Learning 에이전트 전면 도입 (전체 학생 90% 이상)
    - Teaching Assistant 에이전트 운영
    - 최소 3개 융합 프로그램 개설
    - 에이전트 기반 평가 체계 부분 도입
    - 예상 기간: 추가 12~18개월
- **Level 3 - Innovation**
    - 학과 구조 재편 (최소 30% 이상)
    - 역량 기반 클러스터 운영
    - 에이전트 기반 평가 체계 전면 도입
    - 개인화 학습 경로 시스템
    - 예상 기간: 추가 18~24개월
- **Level 4 - Leadership**
    - 완전한 역량 기반 구조
    - Multi-에이전트 생태계 구축
    - 에이전트 개발 교육 과정 운영
    - 타 대학 지원 시스템
    - 하버스톤이 현재 도달한 수준

"인증을 받으면 어떤 이점이 있나요?"
레베카가 물었다.

"연방 연구개발 예산 우선 배정, 미국 연방정부 학자금 지원 프로그램(Title IV financial aid) 증액, 그리고… National Science Foundation에서 에이전트 시스템 구축 비용의 50%를 지원합니다."

"50%요?"

"네, 고등 교육의 근본적 혁신을 위한 투자입니다. 우리는 2030년까지 100개 대학을 Level 3 이상으로 만들고자 합니다."

데이비드가 계산기를 두드렸다.

"100개 대학… 평균 구축 비용을 5십만 달러로 잡으면…"

"총 5천만 달러로 이미 예산을 확보했습니다."

레베카는 감격스러웠다.

"차관님, 감사합니다. 하지만…"

"말씀하세요."

"예산도 중요하지만, 더 중요한 건 문화 변화입니다. 에이전트를 도입한다고 혁신이 일어나지 않아요. 학과 구조, 평가 방식, 교수 역할… 모든 게 바뀌어야 합니다."

"알고 있습니다." 차관이 고개를 끄덕였다.

"그래서 하버스톤에 부탁이 있습니다."

"어떤?"

"'National AI Agentic University Center of Excellence (AI 중심 대학)'을 여기 설립하면 어떨까요? 다른 대학들의 멘토 역할을 하는 거죠."

레베카는 데이비드를 바라봤다. 데이비드가 미소를 지었다.

"좋습니다. 우리가 배운 걸 나누겠습니다."

해외의 주목

2027년 11월 2일, 화요일 오후 4시.

레베카는 줌 회의에 참여하고 있었다. 화면에는 전 세계 8개 대학의 총장들이 보였다.

"레베카 총장님, 당신의 TEDx 강연을 봤습니다."

MIT 총장이 말했다.

"놀랍더군요."

두 달 전, 레베카는 TEDx 인디애나폴리스(Indianapolis)에서 '학과의 종말: AI Agent는 어떻게 대학을 다시 만들었는가(The End of Departments: How AI Agentic Are Reshaping Universities)'라는 제목으로 강연했다. 조회수가 470만을 넘었다.

"감사합니다, 총장님."

"우리도 시도해 보고 싶습니다. 하버스톤의 모델을 MIT에 적용할 수 있을까요?"

"물론입니다. 우리 프레임워크는 오픈소스예요."

"알아요. 하지만…"

MIT 총장이 잠시 멈췄다.

"문화적 맥락이 다르잖아요. 동부 명문 사립대에 맞게 조정하려면…"

"함께 만들면 됩니다."

레베카가 제안했다.

"Global Agentic University Alliance를 만드는 건 어떨까요?"

"Alliance요?"

"네, 각국의 선도 대학들이 모여서 경험을 공유하고, 함께 발전시키는 겁니다."

화면 속 다른 총장들이 관심을 보였다.

"어떻게 운영할 건가요?"

싱가포르 국립대 총장이 물었다.

"분기별 온라인 미팅, 연 1회 대면 컨퍼런스, 그리고 공동 연구 프로젝트."

레베카가 설명했다.

"예를 들면, MIT는 STEM 분야 에이전트 활용, 하버스톤은 Liberal arts 에이전트, 싱가포르 국립대학은 다문화 환경에서의 에이전트… 각자 강점을 살려 연구하고 결과를 공유하는 거죠."

"재미있네요."

옥스퍼드 대학 부총장이 미소를 지었다.

"800년 역사의 옥스퍼드도 변화가 필요한 시점이에요."

"그럼 GAUA를 공식 출범시킬까요?"

레베카가 제안했다. 한 명씩 고개를 끄덕였다.

"좋습니다."

MIT 총장이 말했다.

"Global Agentic University Alliance. 약자로 GAUA."

"첫 미팅은 내년 3월 MIT에서?"

레베카가 물었다.

“완벽합니다.”

제이크의 귀환

2027년 11월 15일, 월요일 오후 3시.

지난 5월 졸업생 제이크 파머가 레베카의 사무실 문을 두드렸다.

"총장님, 시간 괜찮으세요?"

"제이크! 물론이죠. 어서 들어와요."

제이크는 이제 구글 AI 연구소의 1년 차 연구원이었다. 오늘은 특별한 제안을 하러 왔다.

"총장님, 하버스톤으로 돌아오고 싶어요."

"돌아온다고? 구글을 그만두고?"

"아니요."

제이크가 미소를 지었다.

"겸임으로요. 구글에서는 주 3일 일하고, 하버스톤에서 주 2일 강의하고 싶습니다."

레베카는 놀랐다.

"강의요? 아직 학부 졸업한 지 6개월밖에…"

"그래서입니다."

제이크가 노트북을 열었다.

"제가 하버스톤에서 배운 에이전트 협업 방식, 구글에서 엄청난 반향을 일으켰어요."

화면에 이메일이 떠올랐다.

발신: 순다르 피차이 (최고경영자, 구글)

제목: Incredible onboarding performance 놀라운 온보딩 효과

제이크

당신이 AI 시스템과 협업하는 능력은 우리가 지금까지 본 어떤 사람과도 비교할 수 없을 정도입니다. 당신은 단순히 AI 도구를 사용하는 것이 아니라, 그것들을 통해 사고하고 있습니다. 어떻게 이런 능력을 갖추게 된 건가요?

"제 대답은 간단했어요. 'I learned it at 하버스톤.'"

제이크가 설명했다.

"총장님, 하버스톤 졸업생들은 다릅니다. 우리는 에이전트와 협업하는 세대의 첫 번째 물결이에요."

"그래서 강의를 하고 싶다고?"

"네, 'AI 에이전트 Collaboration 101' 강의를 개설하고 싶어요. 실리콘밸리에서 배운 최신 실무를 학생들에게 바로 전달하는 거죠."

레베카는 잠시 생각했다.

"구글이 허락할까?"

"이미 받았습니다."

제이크가 또 다른 이메일을 보여 줬다.

"오히려 구글에서 적극 지원하겠대요. 하버스톤과 파트너십도 제안했고요."

"파트너십이라고?"

"네, 구글 AI 연구소의 인턴십 프로그램을 하버스톤 학생들에게
우선 제공하고, 공동 연구 프로젝트도 진행하자고요."

레베카는 웃음이 났다.

"제이크, 너 정말… 에이전트와 배운 게 아니라, 에이전트를 뛰어
넘었구나!"

제이크는 고개를 저었다.

"아니에요, 총장님. 에이전트 없었으면 저는 여기 없어요. 에이전
트는 제 가능성을 여는 열쇠였습니다. 이제 저는 그 열쇠를 후배들
에게 나눠주고 싶어요."

"좋아요, 제이크. 절차를 알아봅시다."

매력적인 숫자들

2027년 12월 1일, 수요일 오전 10시.

데이비드는 연례 보고서를 준비하고 있었다. 2년간의 여정을 숫자로 정리하는 작업.

■ 하버스톤 대학교 변화 지표 (2025 vs 2027)

• 학생 성과

- 평균 학점: 2.8 → 3.6 (+29%)

- 중도탈락률: 23% → 4% (-83%)

- 졸업률 (4년): 68% → 91% (+34%)

- 학생 만족도: 62점 → 94점 (+52%)

• 취업 & 진학

- 취업률 (졸업 6개월 내): 71% → 96% (+35%)

- 평균 초봉: $58,200 → $94,700 (+63%)

- 대학원 진학률: 12% → 38% (+217%)

- 창업률: 1.2% → 8.4% (+600%)

• 교수 성과

- 연구 논문 수: 487편 → 892편 (+83%)

- 교외 연구비: $8.4M → $18.7M (+123%)

- 교수 만족도: 54점 → 87점 (+61%)

  - 학생 1:1 면담 시간: 주 2.3시간 → 주 9.8시간 (+326%)

- **재정 건전성**

  - 지원자 수: 4,230명 → 12,840명 (+204%)

  - 등록금 수입: $42M → $67M (+60%)

  - 기부금: $3.2M → $14.8M (+363%)

  - 재정 적자: −$8.7M → +$4.2M (흑자 전환)

- **에이전트 사용 통계**

  - 일평균 활성 사용자: 96.8%

  - 일평균 상호작용: 학생당 34회

  - 총 누적 대화: 28,400,000+

  - 에이전트 만족도: 91점

  - API 비용 (월평균): $68,400 (학생당 $17.78)

데이비드는 숫자들을 바라보며 미소를 지었다.

"이 숫자들이 말하는 건 단순해. 에이전트는 작동한다. 아니, 혁명을 일으켰다."

레베카가 연구실로 들어왔다.

"보고서 완성됐어요?"

"네, 한번 보세요."

레베카는 화면을 훑어봤다. 눈이 점점 커졌다.

"이게… 진짜예요?"

"네, Big Four 회계법인이 검증했습니다."

"취업률 96%… 평균 초봉 9만 5천 달러… 이건 거의…"

"아이비 리그 수준입니다."

데이비드가 덧붙였다.

"2년 전만 해도 우리는 지역 사립대 중에서도 하위권이었는데."

레베카는 의자에 앉았다.

"믿기지 않아요."

"저도 그래요. 하지만 데이터는 거짓말하지 않습니다."

"데이비드, 우리 정말…"

"네, 해냈습니다."

두 사람은 잠시 침묵했다.

"하지만 이건 끝이 아니죠?"

레베카가 물었다.

"당연하죠. 이제 시작입니다."

"다음은 뭐죠?"

데이비드가 또 다른 문서를 열었다.

■ **Phase 4: The Next Frontier (2028-2030)**

· **목표**

- 평생학습 Lifelong Learning 에이전트 – 졸업 후에도 계속되는 AI 학습 파트너

- 글로벌 학습 네트워크 Global Learning Network – 전 세계 Agentic Universities 연결

- Agentic Development Track – 학생들이 직접 에이전트를 개발하는 전공

- Corporate Partnership Program – 기업과 대학의 에이전트 생태계 통합

- AI Ethics Center – 에이전트 윤리와 사회적 책임 연구

"와…"

레베카가 감탄했다.

"야심차네요."

"총장님께서 늘 말씀하셨잖아요. '혁명은 끝나지 않는다, 진화할 뿐이다'라고."

레베카는 웃음을 터뜨렸다.

두 사람은 창밖을 바라봤다. 캠퍼스에는 첫 눈이 내리고 있었다. 인디애나의 12월, 올드 메인 건물 위로 눈송이가 내려앉고 있었다. 학생들이 눈 속을 걸으며 각자의 에이전트와 대화하고 있었다.

스튜어트 홀 종탑에서 5시를 알리는 종소리가 울렸다. 147년 동안 매일 같은 시간에 울려온 그 종소리가, 이제는 완전히 다른 미래를 알리고 있었다.

1년 후

하버스톤 AI 컨퍼런스. 전국에서 200개 대학이 참여했다. 레베카는 개회사를 했다.

"우리는 AI를 도입했습니다. 하지만 AI가 대학을 바꾼 게 아닙니다. 우리가 바꿨죠."

레베카는 화면을 켰다. 하버스톤의 3년 여정이 타임라인으로 펼쳐졌다.

"처음에 우리는 AI를 적으로 생각했습니다. 그 다음엔 구세주로 생각했죠. 둘 다 틀렸습니다."

"AI는 도구입니다. 좋은 도구죠. 하지만 도구는 사용하는 사람에 따라 결과가 달라집니다."

레베카는 청중을 봤다. 로버트 브라운이 객석에 앉아 있었다. AI 에이전트 도입에 반대해 학교를 떠나 법률 자문 생활을 하던 그가, 6개월 전 하버스톤으로 돌아와 'AI 윤리 석좌교수'가 되었다.

그는 얼마전 3년 만에 캠퍼스를 다시 찾았다. 법률 자문으로 일하는 게 나쁘지 않았지만, 학생들이 그리웠다고 했다.

캠퍼스는 완전히 달라져 있었다. 복도에서 철학과 컴퓨터과학을 공부하는 학생들이 함께 토론하고 있었다.

"칸트의 정언명령을 이 알고리즘에 어떻게 적용하지?"

데이비드가 그를 AI 윤리 연구센터로 안내했다. 그곳에서는 사라 파커 교수가 세미나를 진행하고 있었다.

"AI 시대의 인문학은 더 중요해졌습니다. 기술이 할 수 있는 것과 해야 하는 것 사이의 간극을 메우는 게 우리의 역할이죠."

로버트는 놀랐다. 자신과 함께 AI 도입을 반대했던 사라 파커였다.

세미나가 끝나고 사라가 그를 알아봤다.

"로버트! 정말 오랜만이에요."

"사라, 당신이… AI 수업을 하고 있다니!"

사라는 멋적게 웃었다.

"저도 놀랐어요. 제가 이렇게 변할 줄은. 학생들이 저를 바꿨어요. AI를 적으로 여기는 동안, 학생들은 기회를 놓치고 있었거든요."

로버트는 잠시 침묵했다.

"저도… 틀렸는지 모르겠습니다."

"우리는 반대하는 사람들의 목소리를 들었습니다."

레베카가 컨퍼런스에서 말을 이었다.

"그들의 두려움을 이해하려고 노력했죠. 그리고 그들과 함께 답을 찾았습니다."

"이게 우리가 배운 가장 중요한 교훈입니다. 혁신은 기술이 아니라 사람으로부터 시작됩니다."

3년 후

제이크는 이제 구글 AI의 '윤리 및 안전 팀' 리드였다.

레베카는 그의 이메일을 다시 읽었다.

레베카 총장님께

구글 AI 연구소에서 일한 지 3년이 되었습니다. 제가 하버스톤에서 배운 건 컴퓨터과학만이 아니었다는 걸 매일 깨닫습니다.

지난주, 저희 팀은 의료 진단 AI를 개발하는 프로젝트를 맡았습니다. 기술적으로는 문제없었어요. 하지만 윤리적 질문이 계속 나왔습니다. '이 AI가 틀리면 누가 책임지나?' '환자의 프라이버시는?' '알고리즘 편향은?'

그때 사라 파커 교수님의 윤리적 의사결정 스튜디오가 떠올랐습니다. 에밀리 로드리게스와 함께 밤새 토론했던 칸트와 공리주의. 자율주행차 딜레마. 데이터와 가치관의 균형.

저는 팀 회의를 멈추었습니다. '잠깐만요. 우리 기술 이야기만 하고 있어요. 윤리적 프레임워크부터 정해야 합니다.'

팀원들이 놀랐어요. 엔지니어가 윤리를 먼저 얘기하다니.

우리는 3시간 동안 토론했고, AI 개발 원칙을 다시 세웠습니다. 기술이 아니라 가치에서 시작하는 원칙을요.

하버스톤은 제게 코딩이 아니라 생각하는 법을 가르쳤습니다. 감사합니다.

– 제이크 파머(구글 AI 연구소)

5년 후

제이크, 소피, 에밀리는 가끔 하버스톤에서 만났다. 후배들에게 멘토링을 해 주기 위해서.

소피는 AI 음악 생성 스타트업 '하모니아 AI'의 CEO가 됐다. 에밀리는 스탠퍼드 철학과 박사과정에서 AI 윤리를 연구하고 있었다.

"요즘 학생들은 우리 때보다 더 많은 AI 도구를 쓴다더라."

올드 메인 앞 벤치에 앉아 커피를 마시며 소피가 말했다.

"하지만 본질은 같아."

제이크가 답했다.

"생각하는 법을 배우는 거지, 도구 쓰는 법을 배우는 게 아니야."

에밀리가 웃었다.

"우리가 벌써 선배 코스프레를 하고 있네."

"아니야."

제이크가 진지하게 말했다.

"우리는 하버스톤에서 진짜 교육을 받았어. 칸트와 알고리즘을, 윤리와 코딩을 함께 배웠잖아. 그게 우리를 여기까지 오게 했고."

소피가 캠퍼스를 둘러봤다.

"기억나? 우리 세 명이 처음 만났을 때. 창의적 표현 클러스터에서."

"나는 음악 AI 알고리즘 때문에 고민하고 있었고…"

소피가 회상했다.

"나는 AI 윤리 프레임워크 과제로 머리를 싸매고 있었지."

에밀리가 이었다.

"그리고 나는 두 사람을 연결해 줄 코드를 짜고 있었어."

제이크가 웃었다.

"우리가 그때 만든 프로젝트, 'Ethics-First Music AI'가 지금 소피 회사의 기반이잖아."

10년 후

레베카는 창밖을 봤다. 인디애나의 12월, 캠퍼스에는 첫눈이 내리고 있었다.

마가렛이 마지막 보고서를 가져왔다.

"총장님, 10년간의 성과입니다."

- **학생 수**: 3,000명 → 8,000명
- **재정**: 적자 $12M → 흑자 $55M
- **졸업생 취업률**: 68% → 96%
- **창업 졸업생**: 연평균 280명
- **학문적 성과**: 국제 학술지 게재 5배 증가

레베카는 미소 지었다.

"하지만 총장님이 가장 자랑스러워하실 건 이겁니다."

마가렛이 다른 문서를 펼쳤다.

학생들의 편지였다.

- 하버스톤은 제게 꿈을 꾸는 법을 가르쳤습니다.
- 여기서 저는 실패해도 괜찮다는 걸 배웠어요.
- AI는 도구였지만, 교수님들은 멘토였습니다.

⋮

마지막 편지는 데이비드가 쓴 것이었다.

총장님께

10년 전 우리는 파산 직전이었습니다. AI를 도입하기로 결정했을 때, 많은 사람이 반대했죠. 저도 확신이 없었습니다.

하지만 총장님은 믿으셨습니다. 기술이 아니라 사람을요.

우리가 성공한 이유는 최신 AI를 썼기 때문이 아닙니다. 교수, 직원, 학생 모두가 함께 변화를 만들었기 때문입니다.

AI는 도구였습니다. 우리가 주인공이었죠.

총장님, 감사합니다. 그리고 존경합니다.

레베카는 창밖을 봤다. 스튜어트 홀의 종탑에서 저녁 종소리가 울렸다.

학생들이 눈 속을 걷고 있었다. 어떤 학생들은 메모리얼 홀 계단에 앉아 토론하고, 어떤 학생들은 노트북을 들고 러닝 커먼스로 향하고 있었다.

그들의 손에는 최신 AI 도구가 있었다. 하지만 그들의 눈에는 호기심과 열정이 빛났다. 바로 제이크, 에밀리, 소피가 가졌던 그 눈빛.

레베카는 미소 지었다. 창밖으로 올드 메인의 붉은 벽돌 건물이 보였다. 1867년부터 이 자리를 지켜온 건물. 하지만 그 안에서 일어나는 일들은 완전히 달라졌다.

진짜 시작은 지금부터였다.